CHEMINER VERS L'ÉVEIL

Du même auteur

Guérir la violence, Plon, 1998.
Transformer son esprit, Plon, 2002.
Comment pratiquer le bouddhisme, Plon, 2002.
Vaincre la mort et vivre une vie meilleure, Plon, 2003
Leçons de sagesse, le soutra du cœur, Plon, 2005.
Leçons d'amour, Plon, 2006.
Se voir tel qu'on est, Plon, 2007.

Sa Sainteté le Dalaï Lama

CHEMINER VERS L'ÉVEIL

Avant-propos de Jeffrey Hopkins, Ph. D.

Traduit du tibétain et édité par Jeffrey Hopkins, Ph. D.
Traduit de l'anglais par Alain Wang

PLON

www.plon.fr

Titre original
Becoming enlightened

Traduit du tibétain vers l'anglais par Jeffrey Hopkins, Ph. D.

ISBN édition originale : Atria Books, New York, 978-1-4165-6583-3
ISBN Plon : 978-2-259-21020-1

Avant-propos

Le Tibet est reconnu à travers le monde pour la diffusion de l'essence de la pratique du bouddhisme à des niveaux de transmission facilement accessibles. Sa Sainteté le Dalaï Lama nous propose dans cet ouvrage une méthode d'enseignement simple et pratique, composée d'un ensemble d'exercices qui mènent à l'éveil. Après l'examen de l'enseignement capital sur l'interdépendance de Bouddha, Sa Sainteté démontre l'importance de cette vision fondamentale car elle nous permet de comprendre la condition de l'être humain et la manière de s'échapper du cycle dans lequel nous sommes enfermés, de renaissance en renaissance, sous l'emprise de la souffrance. Le Dalaï Lama insiste sur une méthode particulière de la pratique bouddhiste axée sur l'absence du soi, afin de rechercher le développement d'un comportement altruiste qui ouvre à la bonté et à la tolérance.

Conçues pour une personne à la recherche d'un renforcement de son potentiel spirituel, les différentes phases de la pratique commencent par une valorisation de la condition humaine qui est la nôtre actuellement, puis d'une réflexion sur ce capital inestimable qui nous offre une chance extraordinaire de pouvoir progresser spirituellement. À partir de cette situation appréciable, Sa Sainteté montre la fragilité de l'essence de la vie, et explique la nature des actes (karma) et leurs effets, tout en donnant les moyens pour annihiler les résultats des actions négatives déjà commises.

Adopter un point de vue plus élargi – arrêter de se consacrer aux plaisirs immédiats pour envisager le futur – est l'objectif de la première phase de la transformation de la pensée spirituelle. Ce changement de perspective s'accomplit dès que l'on comprend que le bonheur à atteindre est bien au-delà de la satisfaction du moment présent et que l'on cesse de s'impliquer complètement dans des activités temporaires et superficielles pour s'engager dans la pratique de la vertu, bénéfique à court et long termes.

Au lieu de rechercher les plaisirs en accumulant richesse, pouvoir et amis, il vaut mieux pratiquer des vertus comme la compassion. Une solution efficace pour s'assurer un futur favorable à long cours. Le but principal de cette phase est d'arrêter toute méprise sur notre situation actuelle, afin d'ouvrir une perspective sur ce qu'il y a au-delà du présent. Cela passe naturellement par un questionnement sur la mort et la renaissance, qui contribue à accroître notre perception.

Les exercices du niveau intermédiaire vont approfondir le champ de vision. Il s'agit de rechercher ce que veut dire vouloir se libérer du cycle, apparemment sans fin, de la mort et de la renaissance. À cette étape, il est urgent d'annihiler ce sentiment exagéré de notre propre statut, de celui des autres, des objets de notre désir ou de la haine. L'ignorance de la véritable nature des choses est perçue comme l'origine des émotions négatives. Le Dalaï Lama nous explique comment ces émotions nuisibles naissent, et de quelle manière elles sont à l'origine des problèmes qu'elles induisent, par les empreintes qu'elles laissent dans notre mental. Ainsi, elles élaborent nos épreuves futures, résultat d'un traquenard tendu dans le tourbillon d'effets souvent défavorables.

La prise en compte de la précarité humaine renforce la volonté de rechercher dans la pratique spirituelle une solution pour vous délivrer complètement du cercle incontrôlable de la naissance, de la vieillesse, de la maladie et de la mort. La clairvoyance sur la véritable nature des apparences va accompagner ce changement d'état d'esprit, sans refouler le bonheur, mais en déterminant un bonheur suprême et les moyens de l'atteindre. Cette dimension ultime nous incite à méditer sur l'interdépendance et la compassion pour saper l'ignorance sur laquelle nos émotions destructives s'établissent.

Dans la dernière partie, Sa Sainteté décrit un altruisme vivant qui pousse le pratiquant à s'élever au plus haut degré de l'activité spirituelle. L'amélioration du potentiel spirituel passe par la prise de conscience que votre situation personnelle est désespérée, pour comprendre alors celle des autres. Vous réalisez qu'ils partagent votre condition. L'accent est mis sur le développement d'une compassion parfaitement impartiale grâce à une série progressive d'exercices sur la causalité. La sollicitude ordinaire et la compassion ne sont pas remplacées mais elles sont étendues au-delà de leur portée habituelle et sont ainsi transcendées. Le Dalaï Lama insiste sur la façon de faire naître, de maintenir et d'augmenter ce comportement d'éveil en écartant ce qui le mine. Si bien que, à la dernière étape, la quête du bonheur n'est pas abandonnée mais elle est redirigée vers un but plus ultime, et le changement qui se produit alors correspond à une ouverture de perspective : la souffrance des autres est ce qui vous intéresse en premier lieu.

Le processus d'apprentissage autodidacte et de progrès personnel proposé dans ce livre est une solution pour s'écarter d'abord de la recherche des plaisirs superficiels de l'instant présent; puis, du joug des émotions aliénantes; et, finalement, de l'égocentrisme. Grâce à l'altruisme qui exige un développement de la sagesse, Sa Sainteté expose méthodiquement une vue d'ensemble de cette pratique. Et dans l'avant-dernier chapitre, il présente des notions sur la véritable nature de la réalité. Les étapes méditatives proposées dans cette partie ouvrent petit à petit à une perception directe du véritable statut des êtres et des choses. Nos états d'esprit négatifs peuvent ainsi être annihilés et remplacés par des émotions positives. Pour conclure, Sa Sainteté dépeint l'éveil comme un état de réalisation corporelle, de la parole et du mental, qui a été atteint grâce à l'alliance de la sagesse avec l'extraordinaire pouvoir de l'altruisme.

Dans les chapitres qui suivent, le Dalaï Lama approfondit avec précision comment chaque pratique est générée, étape par étape. Son approche est unique et entremêle deux pratiques essentielles, la compassion et la connaissance de l'absence du soi, à travers une série d'exercices. Puisque ces deux pratiques sont considérées comme les deux ailes d'un oiseau qui s'envole vers l'éveil, dès le début, il nous indique leur impact et leur pertinence. Car, explique le Dalaï Lama, avec le mode de l'alternance, les deux pratiques s'influencent et se renforcent mutuellement. Ainsi, les phases de la pratique spirituelle ne forment pas une succession stricte de catégories d'exercices qui exigeraient la pleine réalisation d'une phase avant d'entamer la suivante. Ils demandent plutôt de se familiariser et de pratiquer souvent la gamme entière des exercices pour que se produise un enrichissement mutuel.

L'intérêt du Dalaï Lama pour les sciences et les relations qu'il entretient depuis trois décennies avec la communauté scientifique internationale l'ont conforté à redéfinir les états d'esprit bouddhistes fondamentaux, avec une approche et dans un cadre intellectuel partagés. Ce qui rend ce livre plus facilement accessible. Ainsi, chacun pourra profiter de sa profonde éducation classique tibétaine, un prodige de la culture spirituelle dont le monde a cruellement besoin.

Jeffrey Hopkins, Ph. D.,
professeur émérite d'études tibétaines,
université de Virginie.

1

Le livre de l'éveil

Nous sommes entrés dans le XXIe siècle, une époque où le progrès matériel est considérable, dû en grande partie aux avancées technologiques qu'ont induites un grand nombre de découvertes scientifiques. Le XXe siècle a vu se propager un nombre inimaginable de violences, plus qu'il n'y en a jamais eues auparavant. Et, en ce début de siècle, cette sauvagerie meurtrière adopte de nouvelles formes dont la force est inégalée. Ce chaos ne vient pas d'une absence de connaissances techniques, ou bien de conditions matérielles défaillantes. Il provient d'un mental indiscipliné.

Pendant que certains profitent d'un accroissement de leur prospérité dans ce monde, d'autres vivent dans une extrême pauvreté. Une grande disparité de richesses règne parmi les classes sociales de la plupart des pays. Le pauvre déshérité est terriblement vulnérable. Regardez aussi ce nombre important d'animaux élevés pour finir à l'abattoir, si nombreux que notre environnement s'est dégradé.

Ces tristes réalités résultent d'un manque d'attention et d'affection. Si l'humanité avait renforcé le sens de chérir les autres, les hommes ne seraient pas les seuls à être plus heureux, une multitude d'animaux, dont le malheur nous affecte, le seraient aussi. Pour accroître le sentiment d'altruisme, notre motivation à surveiller les conséquences de nos actes, aujourd'hui comme demain, doit être renforcée.

Si le progrès matériel et la richesse avaient la capacité de neutraliser les souffrances indésirables afin de laisser place au bonheur, les personnes riches devraient en être libérées. Mais ce n'est pas le cas. En fait, dès qu'elle a pas mal d'argent, du confort et du pouvoir, une personne a tendance à s'enfermer dans une sorte de fierté excessive. Elle devient particulièrement jalouse et avide, se polarise sur les problèmes et s'inquiète à l'excès. Les personnes qui vivent dans la frugalité ne sont en aucun cas à l'abri des trois poisons : le désir, la haine et l'ignorance. Mais, en général, les problèmes sont moindres et ils sont moins perturbants.

Pourquoi sommes-nous malheureux ? Le mental est tellement sous la coupe de nos émotions autodestructrices que nos attitudes, loin d'être perçues comme préjudiciables, sont, au contraire, confortées et encouragées. Voilà pourquoi nous ressentons un tel mal-être.

Si nous pouvions jouir de la prospérité matérielle et des avantages de la bonté, la richesse serait intérieure et extérieure. Et, n'en doutons pas, la vie serait très agréable. Le bonheur ne résulte pas des seules conditions matérielles, il découle de nos dispositions mentales. De nos jours, les pays où les progrès matériels ont été importants commencent à comprendre que la santé physique, la maladie ou l'état de la société sont étroitement liés à nos évolutions mentales.

Faire une analyse de nos façons de penser et de nos émotions est essentielle. Au cours des trois derniers millénaires, l'Inde est l'endroit où cette analyse perspicace des processus de la pensée a été effectuée. Ces éclairages inspirent ce livre qui propose une gamme complète de pratiques conduisant à l'éveil de la bouddhéité, par une voie plus accessible.

Comprendre le bouddhisme

Il y a environ 2550 ans, Bouddha a fondé une nouvelle religion. Avant sa naissance, certains aspects de sa pensée circulaient déjà en Inde. Or, personne n'avait su énoncer avec précision les perspectives et les techniques mentales comme il le fera. Quelle était leur essence profonde? L'inexistence du soi. Bien avant lui, beaucoup avaient cherché à analyser la nature du soi. Sans en comprendre la réalité, ils ont finalement enseigné que le soi existe. Ils ont défendu que le soi existe indépendamment du corps et de l'esprit. Bouddha démontra que l'assertion de l'existence d'un soi indépendant augmente et raffermit notre sens inné de l'égocentrisme. En résultent le désir, la colère, la fierté, la jalousie et le doute, qui renforcent et enracinent un comportement égoïste.

Bouddha devine que les perturbations mentales comme le désir et la haine s'enracinent dans l'égoïsme, et enseigne quelque chose qui n'a jamais été expliqué avant lui, la perception de l'inexistence du soi. À cette époque, c'était exceptionnel, et cela l'est encore plus aujourd'hui, car 2500 ans se sont écoulés, et personne n'enseigne ce principe en dehors de son courant de pensée.

À la fin du XVIIe siècle, l'érudit tibétain Jamyang Sherpa écrit : « Les principes bouddhistes ou non bouddhistes sont déduits de l'affirmation ou de la négation de ce qui est conçu à partir de l'idée du soi. » À partir de la notion d'absence du soi, Bouddha enseigne qu'un soi permanent immuable indépendant du corps et du mental n'existe pas. Les écoles non bouddhistes non seulement reconnaissent un tel soi, mais essaient de prouver son indépendance en s'appuyant sur différentes approches, tandis que le bouddhisme cherche à le réfuter.

Le soi n'est pas totalement nié. Ce serait une erreur de penser que le soi qui recherche le bonheur et refuse la souffrance n'existe effectivement pas. Mais Bouddha enseigne que le soi est instauré en relation avec le mental et le corps. Bouddha définit ainsi le principe connu sous le terme de production conditionnée qui souligne les origines interdépendantes de toutes choses. Malgré les apparences trompeuses, rien n'est autonome ni vraiment en autarcie. Les choses sont reliées. Le principe de production conditionnée est au cœur de l'enseignement de Bouddha.

Production conditionnée signifie que la totalité des phénomènes, qu'ils soient physiques, mentaux ou autres, apparaissent selon certaines causes et conditions. Le bonheur que le soi désire et la souffrance qu'il repousse ne surviennent pas de leur seul fait mais sont le produit de leurs causes spécifiques idoines et temporaires. Selon le bouddhisme, ils ne sont pas le résultat de causes permanentes, d'un Créateur immuable né de lui-même ou d'une Essence immuable, bases de certaines croyances populaires indiennes. Bouddha enseigne qu'un phénomène apparaît *seule-*

ment en relation avec ses propres causes et conditions. Tout est toujours en mutation.

Je m'interroge fréquemment pour savoir quel est le point de vue bouddhiste, et je réponds en posant le principe de la production conditionnée et son état d'esprit, la non-violence. La non-violence se traduit par la motivation compassionnelle nécessaire pour aider les autres. Et si elle est impossible, au moins, de ne pas leur nuire. La causalité et la compassion sont l'essence de la religion bouddhiste et les clés d'un état mental ultime : l'éveil.

2

Analogie des systèmes religieux

Pour comparer les nombreux maîtres religieux qui ont vécu dans ce monde, il est nécessaire de s'arrêter sur la teneur de leur enseignement, d'analyser où ils font preuve d'une grande sagacité. Il est insuffisant de s'appuyer sur les louanges de leurs disciples, qui ne manquent pas dans chaque religion. L'utilisation du mode analogique suppose l'introduction de distinctions. Mais, immédiatement, nous remarquons que l'enseignement de Bouddha est unique, dans son appréhension du soi comme erroné, et par l'accent qu'il met sur la notion d'absence du soi comme parfait antidote. Le bouddhisme exige, en plus, d'avoir une attention particulière au bien-être des êtres vivants en modifiant les inclinations habituelles envers soi et les autres. Nous devons cesser de nous chérir pour chérir les autres. En cela, le bouddha Shakyamuni a fait preuve d'une exceptionnelle sagesse et d'une remarquable compassion.

Ce qui distingue foncièrement le bouddhisme des autres religions, c'est l'insistance de Bouddha à engendrer une intention altruiste pour atteindre l'éveil par le fait de chérir les autres au lieu de soi-même, et de voir dans l'inexistence du soi un antidote à nos perceptions erronées du soi. Mais le monde deviendrait-il meilleur si chacun adhérait au bouddhisme? L'Inde entière ne s'y est pas convertie à l'époque où Bouddha enseignait. Il n'était pas obligé de s'épancher sur le caractère et les centres d'intérêt individuels de ses disciples, et aurait pu leur enseigner, à eux tous, les fondements du bouddhisme. Mais il ne le fit pas. Car il jugeait indispensable que la doctrine ait un sens et soit utile à chacun. Puisque les intérêts et les aptitudes des êtres vivants sont variés, Bouddha fut obligé de transmettre une grande variété d'enseignements.

Si le principe le plus perspicace – que les personnes ou autres phénomènes ne sont pas instaurés indépendamment selon leur propre nature – n'est pas compris par un élève, l'enseignement du système de l'absence du soi qu'il reçoit n'est que partiel. Pour cette raison, Bouddha enseignait à de tels élèves que les gens n'ont pas d'existence substantielle, mais que l'ensemble corps-esprit existe. Ainsi, il pouvait dispenser cet élève du sens global de l'absence du soi. Pour les élèves rétifs mentalement à la doctrine de l'inexistence du soi, Bouddha enseigne une variante du principe du soi, quand il dit : «L'ensemble corps-esprit est le fardeau, le porteur du fardeau est l'être.»

Bouddha adaptait ainsi ses enseignements en tenant compte de la capacité de ses élèves. Si l'enseignement ne s'accorde pas à celui à qui il est destiné, les principes peuvent être justes, mais ils n'offriront aucun réconfort à l'élève. Aussi, pour les élèves qui ont des difficultés à assimiler le principe d'absence du soi, mieux vaut se conformer à leurs aptitudes et intérêts. Dans ces conditions, il est parfaitement compréhensible que les nombreuses religions qui sont apparues dans ce monde soient salutaires pour un grand nombre d'êtres humains.

Il est peut-être possible de déterminer quelle religion est la plus perspicace mais, si nous essayons de savoir quel est le meilleur système, aucune réponse n'est évidente. La valeur d'une religion a une portée individuelle. Le point de vue philosophique d'une religion peut être perspicace et ne pas convenir à tel individu. Comme je l'ai mentionné ci-dessus, même à ses disciples Bouddha n'a pas toujours enseigné la perspective la plus pénétrante. Au lieu de l'imposer de force, il s'est conformé aux intérêts et capacités individuels.

Ainsi, bien que l'idée que les phénomènes sont vides d'existence inhérente soit probablement la plus subtile, il est difficile de conclure qu'elle est la meilleure. Enseigner exige de la pertinence à l'égard de ses élèves. Réfléchissez aux remèdes médicaux, certains sont très coûteux, d'autres bon marché. Mais s'il est question du meilleur médicament, cela dépend alors entièrement de l'état du malade. Les malades qui se soignent avec les remèdes les plus chers, et pensent qu'ils font au mieux, finiront peut-être par guérir, mais d'autres risquent finalement de nuire à leur santé alors qu'un traitement à base de médicaments peu coûteux suffirait à les rétablir. La valeur du système religieux repose sur une élaboration pertinente, en accord avec chaque pratiquant pris individuellement, quels que soient les avantages dont il pourrait bénéficier.

L'interrogation sur la valeur dépend d'un cadre de référence. Pour les religions, il faut avant tout savoir si elles sont bénéfiques ou nuisibles à ceux qui les pratiquent. Sous cet angle, je ne peux pas décider que le bouddhisme est la meilleure. Elle est la plus adaptée aux personnes qui ont une certaine aptitude et ouverture d'esprit. Les êtres humains ont besoin d'un système qui leur correspond. Pour cela, il est indispensable d'apprécier l'ensemble des religions. Leurs différences philosophiques sont parfois profondes, mais elles possèdent toutes une morale, pour cultiver une bonne attitude envers les autres et leur offrir de l'aide. Cela induit la pratique de l'amour, la compassion, la patience, la félicité et une reconnaissance des règles sociales. Les religions partageant ces buts, les respecter est essentiel comme d'apprécier leurs contributions.

L'examen sans préjugé des religions sous leur aspect philosophique montre clairement leurs apports bénéfiques à une multitude d'hommes dans le passé, encore aujourd'hui, et certainement demain. Au nom de la religion, dans ce monde, un grand nombre de problèmes ont éclaté, mais sincèrement, je pense qu'elles ont été plus positives que nuisibles. Une religion qui exige un meilleur comportement, respectée par ses disciples, est digne d'être estimée, que les points de vue philosophiques soient justes ou non.

Une réflexion nécessaire

Selon une vieille devise tibétaine, il faut apprécier la personnalité du maître mais savoir sonder son enseignement. Dans son enseignement du Bouddha, Shakyamuni fait une distinction entre ce qui demande une interprétation et ce qui est irrévocable. Ce travail s'effectue par l'analyse.

Lorsqu'un enseignement du Bouddha est contredit par le raisonnement, il ne doit pas être pris à la lettre, même si ce sont bien ses paroles. Et, quand il s'agit des êtres remarquables, comme les disciples de Bouddha, il faut rester sur la même réserve. Le sage indien Asanga, au IVe siècle de notre ère, par exemple, nie l'existence d'un monde externe qui affecte nos sens. Cela ne reflète pas la réalité. De tels enseignements se trouvent dans les textes sacrés attribués à Bouddha, ils ne décrivent pas nécessairement sa pensée profonde. Le discernement entre le vrai sens du soutra et la pensée de l'orateur s'opère par l'analyse. Bien que nous ayons confiance en Asanga, rien ne nous oblige à accepter littéralement le point de vue de l'école de l'Esprit seul qui a un objectif précis.

Il est donc naturel pour les bouddhistes de respecter les enseignants d'autres courants religieux. Sous un certain angle, ils peuvent être des émanations d'un bouddha, et sous un autre, s'ils ne le sont pas, leur pensée philosophique est bénéfique à certains êtres humains. Elles peuvent être d'un grand soutien dans des circonstances particulières de votre vie. Néanmoins, dans chaque religion, y compris chez les bouddhistes, certains fidèles sont des perturbateurs. Ils s'affichent comme croyants, acceptent les principes créés pour vaincre le désir, la haine et la confusion. Mais ils les amalgament avec leurs propres émotions aliénantes, usent abusivement de la religion, opèrent des distinctions brutales et inflexibles entre *nous* et *eux*, et créent des problèmes. Pour moi, si les fidèles d'un courant spirituel se comportent mal, aucun reproche ne doit être dirigé à l'encontre de la religion.

Foi et respect

La foi et le respect ne sont pas identiques. Avoir du respect pour les autres religions ne signifie pas que nous avons foi en leurs doctrines. J'ai rencontré de nombreux chrétiens qui sont attirés par les pratiques bouddhistes. Ils les étudient et les utilisent parfois. Ils sont sensibles à l'absorption méditative où l'esprit est concentré sur un seul point, comme à l'ensemble des techniques pour accroître l'amour, la compassion et la patience. Ces pratiques étant communes au christianisme et au bouddhisme, je leur exprime mon entière admiration pour ce qu'ils font. Quelques chrétiens sont sensibles à la vacuité, je leur réponds en plaisantant que ce principe est clairement bouddhiste et a peu de rapports avec le dogme chrétien. Pourquoi ? Rechercher la vacuité nécessite d'étudier la causalité. En percevant ses implications, il devient de plus en plus difficile de se persuader qu'il y a un Dieu unique, éternel et immuable. Celui qui essaie de croire à la fois au bouddhisme et au christianisme ne peut pas affirmer à la fois l'existence et l'inexistence d'un Dieu créateur. C'est impensable. Néanmoins, il faut avoir du *respect* pour l'une et l'autre des religions, parce qu'elles sont bienfaisantes et estimables, la *foi*, c'est autre chose.

Parmi les fidèles des religions monothéistes, certains avancent que le bouddhisme n'est pas une religion car il n'accepte pas le principe d'un Dieu créateur du monde dans lequel nous vivons. Des amis musulmans m'ont confié que le bouddhisme contient un nombre de conseils vraiment bénéfiques, y compris pour les musulmans. Néanmoins, la plupart ne considèrent pas le bouddhisme comme une religion. Des chrétiens rigoristes affirment que les bouddhistes sont nihilistes car ils refusent l'existence d'un être infini et absolu.

En visite au Canada, j'ai croisé des manifestants chrétiens qui portaient des pancartes où l'on pouvait lire qu'ils n'avaient rien contre ma personne, mais que la philosophie que j'enseigne est hérétique. En Suède, alors que je quittais ma voiture, un homme portant une pancarte s'est approché soudainement. J'ai joint les mains pour le saluer, geste qu'il imita. Un reporter prit une photo qui fut publiée le lendemain, célébrant le respect réciproque entre le manifestant et l'objet de la protestation. C'est effectivement ce qui aurait dû se passer. Mais je dois l'avouer, je n'ai pas compris qu'il protestait contre mes opinions !

En effet, pour les religions qui soutiennent l'idée d'un Dieu créateur, le bouddhisme est à la fois réductionniste dans le sens où il nie l'existence d'un Dieu créateur, et à la fois dans la démesure car il pose la notion de vies passées et futures. À l'inverse, pour les bouddhistes, ces religions sont dans la démesure quand elles affirment avoir un Dieu créateur et dans la dévalorisation quand elles nient le principe de cause à effet du karma dans la succession innombrable des vies.

Les bouddhistes doivent reconnaître que la notion de Dieu, créateur de chaque chose, induit un sentiment de proximité avec Dieu et motive le croyant à adopter une conduite en conformité avec la volonté de Dieu. Quelle est cette volonté ? Aimer et aider les autres, l'altruisme. L'islam insiste remarquablement sur l'aide à son prochain, et plus précisément sur le soutien au déshérité. Les quatre-vingt-dix-neuf noms d'Allah, comme le Très-Miséricordieux, ou la Paix, la Sécurité, le Salut, ou le Bien-Aimant, le Bien-Aimé, relèvent de l'amour et de l'affection. Aucune religion ne décrit un être suprême pour l'éternité courroucé, et sans cesse féroce. Aucune religion n'exige de ses fidèles d'être plongés dans l'antagonisme et de porter préjudice aux autres.

Pour moi, le message des religions monothéistes est plus chaleureux et contente certains types de personnalité. Un Dieu créateur aimant et affectueux a plus d'impact direct que ce message bouddhiste de relativité ou rationalité que nous appelons la production conditionnée. Cependant, une personne ne peut absolument pas identifier quelle religion lui sera salutaire. Les êtres sont si différents quand il est question d'affinités.

3

L'ossature du bouddhisme

Cheminer vers l'éveil est le titre de ce livre car il enseigne les étapes de la voie qui conduit à la pleine réalisation de votre potentiel. L'« éveil » est l'accomplissement, ce qui résulte lorsque la réalisation est atteinte. Les techniques pour atteindre l'éveil sont désignées par le verbe « cheminer » qui suggère la Voie. Elle est organisée en étapes et précise l'enchaînement des exercices, allant de ce que doit entreprendre le novice jusqu'au stade ultime de la « perfection ».

Les écrits bouddhistes sont classés en trois thèmes majeurs : la nature du phénomène, les exercices d'élévation spirituelle et les résultats de ces pratiques. On les appelle la Base, la Voie et le Fruit. Si vous utilisez certains principes comme la base de votre pratique, les avantages vont s'accumuler et, en les mettant en œuvre, les fruits tirés de la pratique seront très utiles pour atteindre vos buts.

Dans le cheminement vers l'éveil, quelles sont les voies, les pratiques pour actualiser l'éveil suprême ? La moralité, la méditation profonde et la sagesse, confortées par la compassion. Les écoles bouddhistes sont fondées sur la compassion. La moralité consiste à abandonner les dix actes non vertueux : trois actes du corps (tuer, voler, avoir un comportement sexuel déréglé), quatre actes de la parole (mentir, calomnier, proférer des paroles blessantes et se complaire dans le bavardage inutile), et trois actes de l'esprit (la convoitise, la malveillance et les vues erronées). L'interdiction de tuer concerne les êtres humains et englobe aussi les autres êtres vivants. Il est incorrect de blesser le moindre être vivant. Cette règle est due au fait que la compassion est le véritable socle du bouddhisme.

Parmi les différentes formes du bouddhisme, un courant rassemble plusieurs écoles. Pour elles, la compassion va bien au-delà de l'empathie et s'étend jusqu'au vœu de libérer les êtres vivants de la souffrance à travers l'espace. Cette grande résolution, le vœu de travailler à réaliser l'éveil afin d'apporter aux autres le bien-être, s'appelle l'« intention altruiste d'atteindre l'éveil ». Par la pratique de la moralité, de la méditation profonde et de la sagesse, vous pouvez atteindre l'illumination d'un bouddha. C'est la voie de l'éveil.

La Voie

La *vue pénétrante* de la production conditionnée, de la vacuité et les *actes infinis* de compassion sont la base de la pratique bouddhiste. L'exercice de prise de conscience est qualifié de *pénétrant* car il ne s'arrête pas à l'aspect superficiel des phénomènes, mais s'appuie sur l'idée que les choses sont réelles, selon leur mode d'existence. Lorsque l'apparence ne vous satisfait pas et que vous cherchez la nature intrinsèque des choses à l'aide de l'analyse et de l'introspection, vous découvrez leur véritable essence qui est vide d'existence inhérente et d'indépendance.

Le terme *vue* se réfère dans ce contexte à la conscience du pratiquant, à l'acte de prise de conscience ou à l'objet qui est ciblé. En définitive, la « vue pénétrante » dans le bouddhisme se rapporte à ces notions : à la prise de conscience ou à la réalisation de la nature subtile des phénomènes, grâce à la sagesse. En conséquence, la première série de pratiques de base, la vue pénétrante de la production conditionnée et de la vacuité sont appelées « les étapes de la voie de la conscience profonde ».

L'autre partie des pratiques de base correspond aux actes illimités de compassion. « Illimités » car les voies, niveaux, etc., se franchissent avec les outils mis à notre disposition – corps, parole et mental. Ils forment « les étapes de la voie consacrée aux actes illimités ».

Les modes de transmission de ces pratiques fondamentales

En Inde, les enseignements des étapes de la voie concernant la vue pénétrante furent transmis à l'origine par le sage indien Nāgārjuna, qui vivait entre le Iᵉʳ et le IIᵉ siècle de notre ère. Les enseignements relatifs aux actes illimités de la compassion sont principalement dus au sage indien Asanga que nous avons déjà mentionné. Les deux grands maîtres pratiquaient aussi bien la vue pénétrante que les actes illimités de compassion. Leurs affinités personnelles les ont poussés à étudier particulièrement certains aspects de la voie. Nāgārjuna s'est attaché à définir la vacuité dans les *Six Traités*. Dans les *Cinq Traités concernant les Terres de l'éveil*, Asanga s'emploie à présenter les pratiques spirituelles des voies et des étapes.

La vue pénétrante de la vacuité et les actes illimités de compassion transmis par ces deux grands érudits, Nāgārjuna et Asanga, sont les principaux thèmes de ce livre. Le Tibet est béni car il a accueilli sur son sol l'ensemble des écoles bouddhistes, qui vont de celles où les pratiquants se consacrent exclusivement à leur propre éveil à celles où les méthodes ont une orientation plus altruiste et sont connues sous le terme de Grand Véhicule. Je présenterai les étapes de la voie de l'éveil pour fixer dans le mental l'ensemble de ces pratiques ; elles culminent dans la réalisation de l'omniscience altruiste.

Classer les écrits bouddhistes

Les écrits bouddhistes se classent en trois catégories : science, philosophie et religion. La science bouddhiste s'intéresse aux statuts fondamentaux des phénomènes. La philosophie énumère les conséquences de ce statut. Puis, fondée sur les réflexions scientifiques et philosophiques, nous examinons la large gamme des pratiques spirituelles qui appartiennent à la religion.

En plus de trente ans, j'ai eu de multiples contacts avec

les scientifiques du monde entier. Nos relations ont porté sur la science bouddhiste, qui se penche sur le statut fondamental des phénomènes, si bien formulé dans des écrits comme le *Trésor de la connaissance manifeste* de Vasubandhu. On y trouve un débat essentiel sur la cosmologie, les éléments fondamentaux, les minuscules particules, etc., mais aussi de riches enseignements sur la psychologie bouddhiste, des informations sur la neurologie et des détails sur le système nerveux et les influx énergétiques qui le parcourent. Ces thématiques scientifiques bouddhistes sont à l'origine de mon intérêt pour la science moderne. Et je crois que les sciences bouddhiques peuvent être d'une grande utilité pour la science contemporaine internationale.

Il serait d'ailleurs stupide que les bouddhistes se contentent de leur savoir scientifique traditionnel. Les sciences contemporaines sont très expertes sur ces sujets et ont développé les calculs et les mesures. Et je pense que les bouddhistes pourraient en tirer de grands bénéfices en s'y intéressant. Et les scientifiques internationaux ont énormément à apprendre des réflexions scientifiques du bouddhisme, dans le domaine de la psychologie notamment. Un maître indien et érudit comme Vasubandhu aurait certainement beaucoup appris des sciences contemporaines, comme la cosmologie. Pour Nāgārjuna, investi dans la réflexion sur le mental, il n'aurait, à mon avis, en rien modifié sa pensée scientifique ou philosophique.

4

Pratiquer le bouddhisme

Pratiquer une religion comme le bouddhisme, c'est cultiver son mental. En langue tibétaine, « religion » se dit *chö*, qui signifie adapter, se perfectionner, progresser. Au fond, elle repose sur la transformation de ce qui est à l'origine de la souffrance pour triompher de nos comportements incorrects. Le terme sanskrit qui correspond à « religion » est *dharma*, qui a le sens de « maîtriser » : se protéger d'une souffrance inopportune en créant des antidotes contre les causes de cette souffrance. Par exemple, en adoptant la règle de conduite vertueuse de ne pas tuer, vous évitez de commettre un homicide, ce qui protège des effets qu'il engendre, comme une renaissance malheureuse, une brève existence et bien d'autres.

Par la pratique, vous développez des antidotes contre les actes non vertueux du corps, de la parole et de l'esprit. Et ainsi, vous vous protégez des souffrances dont ils auraient pu être l'origine. La religion sous cet aspect comprend autant les antidotes aux émotions négatives que la libération de ces émotions destructives et leurs effets. Voilà le fondement de la religion bouddhiste.

Comment *transformer* nos comportements ? Ce ne sont

pas les lois, la police ou l'armée qui peuvent nous y contraindre. Rappelez-vous, les tentatives d'imposer le marxisme et le léninisme aux peuples chinois et russe, ont échoué. Alors, comment cette transformation s'accomplit-elle ? Par un courage volontaire, enthousiaste et profond. Des forces extérieures peuvent ponctuellement contrôler des agissements physiques ou verbaux. Comme cet élève à la langue bien pendue, tenu en respect par un professeur irascible. Cependant, le changement durable ne vient pas de l'emprise extérieure qui est inefficace, seul votre intérêt personnel peut le générer.

Pour trouver une telle motivation, il faut percevoir l'importance du changement et l'inanité de la permanence. En définitive, comprendre qu'être sous l'emprise d'un mental non maîtrisé provoque à court terme des inconvénients, et à long terme favorise assurément la souffrance. Alors qu'un mental discipliné apporte rapidement le bonheur et des bienfaits importants, avec le temps, pour vous et votre entourage. Les désavantages issus d'états d'esprit indisciplinés, bien perçus, vous pourrez les combattre. Les avantages tirés d'attitudes disciplinées discernées, vous serez naturellement enclin à les pratiquer. Ces choix s'effectuent à l'aide de la pensée analytique.

La nécessité d'un point de vue impartial

Pour analyser avec succès quelque chose, l'impartialité est indispensable. Avec des préjugés, les idées préconçues dans un sens ou dans un autre vont fausser dès le début les résultats de l'analyse. Pour commencer, il faut être libéré des notions de bien ou de mal, et, bien plus encore, avoir la volonté d'entretenir la possibilité que chaque idée puisse être juste ou erronée. Une analyse impartiale rend possible une perception des aspects négatifs et positifs.

Tsongkhapa, sage tibétain de la fin du XIVe et du début du XVe siècle, dit : « Si vous êtes subjectif, les préjugés vous condamnent à ne pas percevoir les vrais avantages. » L'impartialité est donc cruciale, comme une volonté d'affronter la réalité d'une situation telle qu'elle se présente. Le doute est une phase utile, car il amène le questionnement, qui pousse à l'analyse. De l'analyse se dégage la vérité et ce qui est faux tombe dans l'insipide. Avec le doute, on s'interroge, puis se manifeste le besoin d'analyse qui s'achève avec une perception juste de la réalité, et alors l'illusion décline. Le doute induit l'interrogation qui déclenche l'introspection qui mène au constat. Dans ce processus, le doute est capital.

Aryadeva, l'étudiant de Nāgārjuna, demande aux pratiquants d'avoir trois qualités : être sans préjugés, avoir de l'intelligence et de l'inspiration. L'absence d'objectivité nous écarte de la réalité. L'aveuglement empêche l'analyse. Le manque d'enthousiasme s'oppose à la mise en œuvre. Ainsi, dès que le moindre parti pris est annihilé, utilisez votre intelligence pour l'étude des enseignements et des pratiques, et ensuite, appliquez ce que vous jugez être bénéfique. Se lancer dans la pratique du bouddhisme avec l'idée préconçue qu'il est formidable ne vous mènera pas loin. Il faut partir de la réalité telle que vous la percevez concrètement.

La pratique quotidienne

La pratique spirituelle comprend les sessions d'exercices de méditation comme ce que nous faisons dans l'intervalle des sessions : vingt-quatre heures sur vingt-quatre. Lorsqu'un bouddhiste se lève le matin, il pense :

> Je consacre ma vie entière à suivre le Bouddha. Que je puisse détruire les trois poisons du désir, de la haine et de l'ignorance ! Les émotions négatives ne manqueront pas de surgir, mais je ne m'y complairai pas intentionnellement. Aujourd'hui, je ferai tout mon possible pour lire des enseignements, réfléchir sur leur sens et œuvrer à accroître la sagesse. Je ferai aussi mon possible pour générer l'intention altruiste d'atteindre l'éveil, et pour être compassionnel dans chacun de mes gestes. Que tout ce qui peut empêcher la mise en œuvre de ces pratiques s'apaise !

Cette pensée stimule l'apparition d'un comportement vertueux pour la journée. Alors, vous pouvez commencer vos activités quotidiennes, en n'oubliant pas de prendre un bon petit déjeuner ! Faites des aliments que vous mangez, ou des boissons que vous buvez, des offrandes au Bouddha et aux grands maîtres qui enseignent la voie de l'éveil.

Puisque le mental a une tendance à désirer ce qui est agréable et, à l'inverse, déteste ce qui ne l'est pas, pour contrôler vos sens, maintenez-vous à l'écart des endroits où de telles émotions conflictuelles sont engendrées. Il est préférable pour pratiquer, si cela est possible, de faire le choix d'un endroit isolé. Au moment où vos capteurs sensoriels devinent des objets attirants ou laids, agissez sur le mental pour éviter qu'il tombe dans le désir ou l'aversion.

Pour reconnaître dans la convoitise et l'aversion des émotions autodestructrices, vous devez bien découvrir leurs aspects négatifs, puis être déterminé à les repousser. Puis prenez conscience qu'il est nécessaire de restreindre l'impact de ces émotions, et utilisez l'introspection pour comprendre que les choses et les circonstances ont une emprise sur vous, qui peut motiver le désir et la haine. Si de tels objets ou circonstances sont manifestes, observez si des émotions aliénantes apparaissent. Vous devez être très concentré, quoi que vous fassiez à ce moment-là. Le sage Tsongkhapa dit : « Lorsque vous agissez physiquement, verbalement ou mentalement, faites-le en étant attentif à ce qui est convenable ou ce qui ne l'est pas. » La concentration et l'introspection pratiquées à chaque instant de la journée favorisent leur pleine maîtrise au cours des exercices de méditation, qui sans elle est improbable.

En fin de journée, vérifiez si vos actes ont été en accord avec la motivation. Réjouissez-vous des actes justes qui n'ont pas été à l'encontre de vos résolutions. Observez les actes moins satisfaisants, analysez vos erreurs avec honnêteté, reconnaissez-les franchement et générez l'intention de ne plus les répéter. Après avoir mis l'accent sur vos erreurs pour les corriger, allez vous coucher, en ayant à l'esprit le plus grand nombre d'attitudes vertueuses comme la confiance, la compassion, l'intention altruiste d'atteindre l'éveil, ainsi que la vacuité. Grâce à cela, le mental est orienté vers la vertu pendant le sommeil. Car ce repos est un moment où les tendances positives, négatives ou neutres se manifestent et qu'il faut dominer. Voilà pourquoi, avant de s'endormir, il est crucial de créer un état d'esprit vertueux.

Dans cet esprit, vous donnez un sens utile à chaque jour de votre existence, en repérant le désir et l'aversion qui continuent à surgir par intermittence. Cela évite le découragement.

Modalités d'étude

En général, quand vous commencez un travail de réflexion utile, vous estimez les bienfaits, le but et les résultats potentiels. La motivation doit être profonde pour arriver au terme de son exécution. La pratique d'une religion et l'étude de ses enseignements répondent aux mêmes critères. Si les bienfaits sont clairs, l'enthousiasme qu'ils engendrent pousse à étudier les enseignements et à poursuivre ensuite son étude.

Quels sont les aspects bénéfiques du bouddhisme? L'étude de la pratique de la moralité définit quel comportement adopter au quotidien, c'est-à-dire renoncer à certaines choses afin de se préserver des actes négatifs. L'utilisation de la concentration méditative lors de cette pratique nous apprend à maîtriser le mental et à éviter qu'il soit trop relâché ou trop concentré. Lorsqu'il est maîtrisé, il reste sans relâche concentré sur le sujet. L'étude de la pratique de la sagesse permet de pénétrer le sens de l'inexistence du soi. En se concentrant sur l'absence du soi, la conception erronée répandue et courante sur la nature des êtres et des choses, origine du cercle réitéré de la naissance, de la maladie et de la mort – que les bouddhistes désignent comme « cycle de l'existence» –, est annihilée. Ainsi, l'état de libération des souffrances est atteint.

De cette façon, assister aux enseignements et les étudier revient à se comparer :

- À la *lampe* qui écarte les ténèbres de l'ignorance.
- À la plus fabuleuse *richesse*, puisqu'elle est l'opposé de possessions matérielles, et n'attire ni les voleurs ni les agressions, ou encore, une mort prématurée.
- À la meilleure des *armes* ; dans ce cas, la cessation des émotions négatives, l'ignorance ennemie, est probablement vaincue.
- Au meilleur des *amis*, puisqu'en étudiant l'altruisme, sont apprises différentes techniques pour aider les autres à travers la pratique du don, de la moralité et de la patience, mais aussi la manière d'attirer des élèves et de se conduire avec eux.
- Au meilleur des *compagnons*, puisqu'en écoutant et en étudiant les enseignements, des qualités intrinsèques se développent sans que le bien-être extérieur s'accroisse ou diminue.
- Au *remède* le moins dangereux, puisque ce développement intérieur ne met jamais en danger, à l'inverse de certains médicaments, nuisibles dans certaines conditions. Si l'on prend des cachets sans aucune nécessité par exemple.
- À une *armée*, pour vaincre les émotions négatives et les résidus karmiques (empreintes d'actes négatifs) induits par elles.
- À la suprême *renommée, gloire et trésor*, car grâce à

eux les forces les plus favorables sont effectives pour les vies futures ;

• Au plus beau des *cadeaux*, car il incite à reconnaître les avantages de la nature humaine et à les respecter.

Assister aux enseignements bouddhistes et les étudier sert à vaincre les trois émotions aliénantes pernicieuses, les trois poisons – le désir, la haine et l'ignorance –, et à s'engager dans les pratiques altruistes. Alors, l'état de la connaissance suprême est atteignable, et celle-ci permettra d'aider les autres sur une plus large échelle. Néanmoins, si vous assistez à des enseignements, il est indispensable de savoir les appliquer en fonction de votre capacité mentale, et, éventuellement, vous pourrez sortir de la prison du cercle des renaissances.

Après avoir lu ou écouté un conseil si avisé, soyez humble et assistez aux enseignements avec respect. Bouddha disait : « Écoutez bien, avec attention, et conservez l'enseignement à l'esprit. » Si, au cours de l'enseignement, le mental n'est pas attentif, cela revient à remplir un récipient le fond en l'air. L'enseignement n'aura pas imprégné le mental. Si vous oubliez ce que vous avez entendu, cela revient à remplir un récipient qui fuit. Rien ne restera dans votre esprit. Prenez des notes, c'est parfois utile.

Assister aux enseignements et les retenir mentalement ne présente aucun intérêt si l'objectif est futile, motivé par le fait de gagner de l'argent ou de devenir célèbre, par exemple. Les motivations erronées corrompent ce qui pourrait être bénéfique, comme un récipient souillé contamine tout ce qu'il contient.

L'enseignement bouddhiste est une aide pour atteindre

un état libéré des émotions aliénantes. Parce que vous êtes à la recherche de solutions à vos problèmes personnels, mettez-vous dans la peau d'un être qui souffre sous l'emprise de trois maladies : le désir, la haine et l'ignorance. Votre maître est un docteur qui connaît le médicament qui agira à l'encontre de leurs tendances négatives. Ce que vous allez apprendre sera comme un remède thérapeutique.

Ce remède est indispensable. Pour guérir d'un mal, se contenter de trouver le médicament ou, simplement, en connaître les effets est insuffisant, il faut aussi l'avaler. Pour se débarrasser des émotions destructives, il faut ainsi mettre en pratique les techniques pour extraire ces poisons. Les méthodes doivent s'inscrire dans votre mental qui fera corps avec la pratique.

L'étude de la grammaire ou de l'histoire se limite normalement à une mémorisation des règles ou des événements précis. Le travail qui mène au développement spirituel oblige le mental à interagir avec le sens de ces enseignements. Si vous vous contentez de percevoir les enseignements comme des moyens pour cultiver le mental, un inventaire de connaissances, leur véritable impact vous échappera. La pratique constante de ces méthodes et le respect des principes sont indispensables. À la lecture d'une seule page d'un enseignement doit correspondre une inclination profonde vers ce qui est évoqué afin que le mental réagisse. Autrement, la compréhension des enseignements n'est qu'apparente, superficielle, et, finalement, ne servira à rien. Un peu de fierté ou de jalousie pourrait survenir chez l'étudiant, jusqu'à ce qu'il devienne hautain et querelleur ! Ce résultat négatif révèle un comportement qui n'est pas en adéquation avec le fond des enseignements.

Dès le début, regardez les enseignements comme des guides ou des conseillers. Tsongkhapa, dans son *Grand Traité de la progression vers l'éveil*, dit :

> En suivant les enseignements, si vous déconnectez le continuum de la conscience de ce que vous apprenez, deux parties duelles se forment, alors ce qui est enseigné ne sert à rien. Écoutez les enseignements afin de chercher à déterminer l'état de votre conscience ordinaire. Pour savoir si votre visage est sale ou présente une imperfection, vous scrutez votre visage dans le miroir pour y remédier. Au cours des enseignements, les aspects négatifs du comportement se reflètent dans les enseignements. Et vous êtes mal à l'aise, « Mon mental est ainsi ! ». Pour se débarrasser de ces côtés négatifs et acquérir des qualités favorables, vous devez travailler.

Lorsque la décision de refuser les émotions conflictuelles et la volonté de les éliminer du mental s'affirme, vous comprenez l'efficacité des techniques bouddhistes et, naturellement, vous manifestez de plus en plus d'intérêt à les étudier. Ces techniques vont s'imposer et se développer dans le mental, et vous souhaiterez qu'elles agissent dans celui des autres.

Méditation

Il existe deux types de méditation, un qui recourt à l'analyse et l'autre qui consiste à fixer simplement son esprit sur un seul point. La première forme de méditation est désignée sous le terme de méditation analytique, la seconde sous la dénomination de stabilisation mentale. Certaines personnes pensent que l'exercice de méditation a pour objectif de refréner l'activité de la pensée au minimum. C'est seulement une de ses formes, inutile d'ajouter qu'elle diffère grandement de la méditation analytique !

Méditation signifie avant tout « approfondissement » : la méditation analytique correspond à l'approfondissement de la connaissance de soi à l'aide de l'étude et de l'investigation. À l'inverse, la stabilisation mentale suppose de focaliser son esprit avec vigilance en un point déterminé grâce à l'analyse. Au cours de ce calme mental, c'est vous qui décidez de diriger l'esprit vers un objet ou une idée pour l'approfondir. Le mental se consolide alors dans un état spécifique, refoulant toute autre possibilité d'investigation.

La méditation analytique est indispensable, mais elle est insuffisante, seule, pour provoquer ou générer la volonté d'effectuer une transformation mentale. Pour développer le mental, déterminez les raisons qui vous y poussent et, en les découvrant au plus profond de vous-même, surgira alors le courage, doublé d'une puissante motivation. Par exemple, pour cultiver la compassion, l'émission du vœu pieux que l'ensemble des êtres vivants soient libérés de la souffrance et de ses causes est d'une grande aide, mais ce n'est pas assez. La réflexion doit porter sur les mobiles de cette compassion sous de multiples points de vue. J'y reviendrai plus précisément aux chapitres 15 et 16.

J'aimerais maintenant vous parler d'un mode de méditation « sans pensée » pratiqué dans le Tibet d'autrefois. Au VIIIe siècle, au sud de la capitale Lhassa, dans le monastère de Samyé, quatre grands temples secondaires avaient été édifiés autour de l'édifice central : le Sanctuaire de la Pure moralité, dont le maître indien Santaraksita fut l'abbé et où il ordonna moines sept personnes dont les affinités à la religion bouddhiste avaient été éveillées ; le Sanctuaire de la Traduction, théâtre des travaux de traduction des soutras ; le Sanctuaire de l'Imperturbable Concentration où était pratiqué le bouddhisme *chan* de tradition chinoise ; et le Sanctuaire des adeptes Mantrika apprivoisant les démons, pour les laïcs ordonnés dans la pratique de la voie du Tantra. Les moines chinois du Sanctuaire de l'Imperturbable Concentration utilisaient uniquement la méditation non conceptuelle, pouvant éventuellement aller jusqu'à l'absence de pensée dans le mental. À cette époque, nombre de Tibétains spirituellement engagés trouvaient que les techniques de conceptualisation posaient un problème et se convertirent, à l'instar des moines chinois, à la méditation « sans pensée ». Le disciple de Kamalashila, Santaraksita, réfuta cette dérive lors du célèbre débat de Samyé et dans la trilogie des *Étapes de la méditation*.

Cette technique de non-conceptualisation vient probablement de Chine, et s'appuie sur une méthode traditionnelle d'étude et de réflexion contemplative. Elle est utilisée en amont de la méditation, puis quand la perception de l'absence du soi est cultivée au stade de la compréhension directe des phénomènes, le pratiquant opère une stabilisation mentale par l'absorption méditative. Or, avec le temps, le « non conceptuel » est devenu « n'avoir rien dans l'esprit ». Kamalashila rejette cette approche, et met l'accent sur l'importance de la méditation analytique, comme l'ancien sage tibétain Tsongkhapa dans son *Grand Traité sur les étapes de la Voie*.

Instruments d'analyse

Pour le bouddhisme en général, et dans la tradition religieuse rattachée aux grandes écoles monastiques indiennes en particulier, la confiance se bâtit sur des conclusions élaborées par l'analyse. En examinant notre situation dans ce monde, où nous sommes en lien avec les autres, la compassion est engendrée. La sagesse réalisant l'impermanence est suscitée par l'analyse, comme la sagesse réalisant l'absence du soi. Du début à la fin, un état d'esprit analytique est primordial pour franchir les étapes de la voie spirituelle. La sagesse de la maturation complète de la bouddhéité exige, dès le début, d'étudier avec ferveur l'essence des choses, et de développer de plus en plus cette attitude.

S'arrêter à une assertion comme « le Bouddha a dit ceci » ou « mon lama a dit cela » est incongru. Référez-vous aux écrits de Nāgārjuna, Aryadeva, Chandrakirti, Shantideva, Santarakshita et Kamalashila bondés d'échanges de vues et d'analyses. L'analyse et la réflexion mènent à la croyance, qui se transforme en une forte résolution de modifier notre état d'esprit et notre point de vue. Puis, avec l'approfondissement ou la méditation, le mental progressivement se transforme.

La pratique du bouddhisme demande donc de l'intelligence. La modification ou la transformation des émotions s'obtient en utilisant l'étendue de nos capacités intellectuelles. Plutôt que de fixer le mental sur un sujet, le raisonnement ouvre la voie vers une cognition pertinente, et grâce à ces forces les attitudes erronées, petit à petit, se dénouent. L'érudition est ici insuffisante, ce qu'il faut c'est une mise en œuvre à un niveau de profonde conscience : la complète méditation.

La méditation objective et la méditation subjective

La méditation peut prendre deux formes, selon des considérations subjectives ou objectives. Les termes « méditer avec foi » ou « méditer avec compassion » suggèrent une méditation dans un état d'esprit subjectif, poussant le mental a devenir compassionnel ou croyant. Or, quand il est question de méditer sur l'impermanence ou l'inexistence du soi, l'accent est mis sur une contemplation méditative objective. D'autres formes de méditation existent, comme la « méditation créative » où l'on s'impose, par exemple, de méditer sur un monde peuplé de squelettes pour combattre le désir. Vous ne pensez pas vraiment à un lieu envahi de corps décomposés, l'imagination est utilisée afin de pouvoir percevoir le désir dans une perspective plus large. Quant à la « méditation réflexive », elle ouvre le mental aux qualités supérieures de la voie comme la grande compassion ou la réalisation de la vacuité. Mentalement, nous disposons d'une grande variété de pratiques, ayez-les à l'esprit même si vous n'avez pas encore accédé aux stades supérieurs. Ces techniques de méditation aident à paver la voie de la réalisation ultime.

Moments propices à la méditation

Si cela est possible, méditez quatre fois dans la journée : à l'aube, dans la matinée, l'après-midi et dans la soirée. Au pire, calez-vous sur un programme quotidien et régulier. Ceux qui travaillent ne pourront méditer que le matin et le soir. L'esprit est plus lucide le matin, pratiquer à cette période de la journée est donc une excellente chose. Moi, je trouve mon mental plus perspicace très tôt dans la matinée. Pour la durée de l'exercice, je vous recommande de le faire par courtes sessions, de quelques minutes, jusqu'à avoir une bonne maîtrise du processus méditatif. Puis, rallongez progressivement le temps de méditation. Pendant vos vacances, augmentez la fréquence et la durée des exercices.

5

Reconnaître les compétences du maître

En général, un maître est utile pour diffuser du savoir et, s'il enseigne une matière spirituelle, il doit être à juste titre qualifié. Dans les qualifications indispensables, il doit avoir une grande connaissance des textes religieux et une expérience directe des principes et des pratiques qu'il transmet. Puisque le premier objectif de l'enseignement bouddhique est la discipline du mental, le maître ayant une telle connaissance n'est néanmoins d'aucun secours pour autrui s'il n'a pas encore discipliné son propre esprit. Le maître doit posséder les qualités intérieures d'un être qui a franchi les étapes de la réalisation, et surpasser ses élèves quant à la compréhension des textes sacrés.

Comment arriver à ce stade ? Par les trois pratiques de la moralité, de la concentration méditative et de la sagesse. Et plus particulièrement, en prenant les vœux de moine ou d'un laïc, le professeur acquiert une attitude morale suffisamment développée pour posséder le contrôle de ses sens. Autrement, les sens sont comme des chevaux sauvages et poussent à commettre des actes incorrects. L'enseignant doit donc savoir pratiquer l'absorption méditative, la concentration en un seul point, qui est le seul moyen de vaincre l'inattention, qu'elle soit provoquée par une perturbation externe ou par laxisme. En outre, il doit posséder la sagesse de l'altruisme et la perception de la vacuité de l'existence intrinsèque pour pouvoir pacifier complètement les émotions négatives qui rendent le continuum de la conscience réfractaire et imperméable. Au minimum, l'enseignant est rompu à la pratique de l'absence du soi par l'étude des textes sacrés et la réflexion.

Pour enseigner à des élèves, une grande connaissance des textes sacrés et une compréhension d'une variété importante d'enseignements sont exigées. Armé d'un tel bagage de techniques, vous pourrez stimuler vos élèves dans leur volonté de savoir. Pour transmettre, vous devez être animé d'un enthousiasme déterminé afin d'accroître le bien-être de vos élèves, vous débordez d'une tendre compassion à leur égard, et écartez la moindre anxiété personnelle liée à la difficulté d'enseigner les principes de la doctrine, sans cesse et sans cesse, jusqu'à ce qu'ils en soient pleinement inspirés.

Il est primordial pour ceux qui désirent enseigner de rechercher à conquérir de telles qualités. Comme il est impératif pour les élèves de percevoir les traits caractéristiques d'un bon guide spirituel, et de se mettre à la recherche d'une personne ayant un tel profil. Si vous ne trouvez personne, choisissez quelqu'un qui possède des qualités qui dépassent ses défauts, fuyez ceux chez qui les défauts l'emportent ou qui auraient un niveau comparable au vôtre.

Dans le monde, nombre de Tibétains essaient d'enseigner, mais ils ne sont pas qualifiés pour le faire. Les élèves doivent prendre leurs précautions pour les éviter. Plonger tête baissée au hasard n'est pas souhaitable. Analysez d'abord. Certes, l'enseignant doit avoir assimilé la puissance de l'analyse, mais son élève doit savoir y recourir pour le choisir. Les enseignements bouddhiques servent à se procurer des antidotes aux trois poisons que sont le désir, la haine et l'ignorance. Pour cela, la sagesse du discernement est nécessaire.

Kunu Lama Tenzin Gyaltsen me rapporta une histoire au sujet de Patrul Rinpoché, un grand lama originaire de la province du Kham, au sud-est du Tibet. Grand adepte du courant de l'érudit Shantideva qui est l'auteur de *La Marche vers l'éveil*, Patrul Rinpoché est un moine authentique, vivant dans la simplicité. Alors en visite, plusieurs étudiants l'entourèrent et les habitants voulurent obtenir une audience. Las de tant d'agitation, il s'échappa et se réfugia dans un village voisin où il demanda l'hospitalité à une famille. La maîtresse de la maison l'embaucha comme employé. Il nettoyait le sol et supportait d'autres corvées, y compris celle d'aller vider les pots de chambre pleins d'urine. Plusieurs jours passèrent avant que des moines n'arrivent au village. Ils s'enquérirent auprès de la femme pour savoir si leur lama n'était pas dans le voisinage. Elle les pria de le décrire. Ce qu'ils firent. Et elle comprit sa méprise et en fut terriblement embarrassée.

Les lamas aussi authentiques que Patrul Rinpoché acceptent l'humilité, même s'ils possèdent des qualités intérieures extraordinaires. En sanskrit, lama se traduit par *gourou*, qui signifie « insurpassable » dans le sens d'un être investi de nombreuses profondes qualités afin d'entreprendre des actes altruistes. De nos jours, bon nombre de lamas ont perdu cette notion, leur trône en hauteur et l'élégance de leur bonnet ne reflètent en rien leur état de conscience.

Si vous trouvez un maître qualifié, appréciez-le. Et pour lui montrer votre estime, allez jusqu'à la complète réalisation de ce qu'il vous enseigne.

Comment enseigner

Les personnes qui enseignent les principes bouddhiques doivent être motivées par une volonté profonde d'aider autrui. Un des premiers maîtres tibétains de l'école Kadampa affirmait n'avoir jamais fait un enseignement sans avoir au préalable médité sur l'impermanence, ne serait-ce l'espace d'un instant. Voilà un excellent exemple qui montre comme il est crucial de bien orienter sa motivation. Aucun enseignement ne peut se donner avec l'objectif d'une rémunération, l'obtention d'un bien ou d'un service, ou encore, pour acquérir de la renommée. Si vous enseignez avec l'idée de recevoir un don en retour, c'est une forme de marchandisation de la doctrine. Quelle horreur car, loin d'offrir de l'aide, votre acte est nuisible. L'enseignement peut a priori atteindre son but en apparence, mais, au fond, vous vous enfermez dans une forme d'instinct de possession. Le maître Geshe Sharapa disait :

> Nous donnons l'attribut de *gourou* à celui qui aime enseigner sans avoir la moindre pensée d'obtenir en échange un don matériel. Celui qui agit différemment est un mauvais gourou pour les élèves qui souhaitent atteindre la libération.

Au XVIIe siècle, Tselay Rangdrol, lama de la lignée Nyingmapa de la Grande Complétude du bouddhisme tibétain, fit savoir qu'il avait décidé de renoncer à voyager à cheval, à manger de la viande, et qu'il n'accepterait plus aucune offrande pour les enseignements qu'il prodiguerait. À la lecture de sa biographie, j'ai pris la décision de ne plus accepter de dons lors de mes conférences à travers le monde. J'insiste toujours pour que les dons et les ressources générées par la vente des billets d'entrée compensent les coûts de l'organisation, le surplus étant destiné à financer des actions caritatives.

Avant de s'asseoir pour enseigner, le maître doit imaginer la personne qui lui a transmis son savoir, à la place qu'il va prendre, s'incliner trois fois devant lui. Par là, il montre qu'il respecte l'origine de la doctrine et les enseignements. Avant d'entrer sur la scène où je donne ma conférence, je visualise mon principal professeur, Ling Rinpoché, assis sur ce siège, et je me prosterne devant lui, juste avant de m'installer, et récite mentalement le *Soutra du Diamant* sur l'impermanence :

> Chaque chose existante et conditionnée
> Est une étoile scintillante, la perception illusoire d'un œil infirme
> La flamme vacillante d'une lampe à beurre, illusions magiques,
> Rosée, bulles, rêves, éclair et nuages.

Puis, je réfléchis à l'évanescence des phénomènes et sur l'absence du soi. Puis, je claque des doigts, ce son symbolise l'impermanence. Voilà ma pratique pour me rappeler que, très vite, je descendrai de ce trône, et au-delà, je me protège contre l'importance que l'on a tendance à s'accorder.

Un maître, homme ou femme, doit se représenter dans une position de médecin qui utilise les enseignements comme remède, et voir ceux qui l'écoutent comme des patients auxquels il faut prescrire un traitement. L'acte d'enseigner des principes doit être entrepris sans condescendance à l'égard de son auditoire, ce qui est improbable si l'on ne rejette pas la moindre sensation de supériorité. Si vous considérez les élèves à égalité avec vous, la doctrine est respectée et reflète une grande compréhension qui place l'amour d'autrui en exergue. Il ne doit pas exister le moindre de soupçon de jalousie ni de crainte que les autres soient spirituellement plus avancés. Ajourner ou reporter un enseignement est à proscrire. Et il faut s'opposer au découragement dû à la répétition sans relâche des principes, maîtriser son savoir, être attentif et critique vis-à-vis de vous-même, comme discerner les fautes commises par autrui. Dans cet état d'esprit, l'enseignement suit le vrai sens de l'altruisme et aura une influence bénéfique. Cette attitude vous conduit à l'éveil et, ainsi, accroîtra encore vos capacités à aider les autres : une démarche qui mène à la réalisation intérieure du plus profond bonheur.

Avant la séance d'enseignement, lavez-vous et mettez des habits propres. Et dans un endroit propre et agréable, débutez l'enseignement par la récitation du *Soutra du Cœur* pour empêcher toute interférence. Enseignez avec un ton ferme et joyeux en choisissant des exemples, des raisonnements et des extraits des textes sacrés. Évitez d'embrouiller vos explications, en utilisant, ici et là, de brefs renvois. Ne vous limitez pas à ce qui est simple en évitant d'aborder la vraie difficulté, ou de transmettre des notions que vous possédez mal. Cantonnez-vous aux choses que vous maîtrisez le mieux.

Ayant déterminé ce qui est réellement bénéfique, accueillez les personnes à la résolution pure dans leur volonté de suivre des enseignements. Dans le cas contraire, il est inopportun de chercher à instruire quelqu'un. Le prosélytisme est contraire au bouddhisme. Si une religion a l'objectif de convertir des personnes, les autres religions vont entrer en compétition qui pourrait bien se muter en situations conflictuelles. Au cours des conférences en Occident, j'explique aux membres de mon auditoire qu'ils doivent conserver la religion de leurs parents, c'est-à-dire le christianisme, l'islamisme ou le judaïsme. Comme je l'ai exprimé précédemment, les fidèles de ces religions découvriront probablement des principes et des pratiques bouddhistes qui leur apporteront du bien-être. En général, il est déconseillé de rejeter la religion dans laquelle vous avez grandi.

Pour conclure la séance, le maître et les élèves dédient ensemble la force vertueuse de l'enseignement au bien-être des êtres vivants. Arrivé à ce niveau, réfléchissez aussi à la véritable nature des phénomènes, à cette séance d'enseignement qui est une illusion, dans le sens où elle semble concrète alors que cela est faux. Car elle est en lien avec une multitude de facteurs. L'expérience est alors ramenée à la vraie perception de son essence, la nature intrinsèque de chaque chose.

6

Le bouddhisme en Inde et au Tibet

Entre les mille bouddhas qui sont apparus dans notre ère, Shakyamuni est considéré comme le quatrième. Selon les écritures, les trois premiers bouddhas se sont manifestés à des périodes de l'humanité datées respectivement de huit mille ans, vingt mille ans et soixante mille ans. Les découvertes de la science contemporaine forcent à reconsidérer l'histoire du bouddhisme établie sur une légende. Des squelettes humains datant de millions d'années contredisent aussi l'allégation des chrétiens que le monde fut créé il y a cinq à dix millénaires. Quant aux textes bouddhistes, ils parlent de périodes bien trop reculées comparées au développement de l'humanité dans ce monde. Et les premiers hommes seraient apparus bien plus tôt que les trois premiers bouddhas. Il faudrait donc réviser l'histoire du bouddhisme en tenant compte de la théorie de l'évolution de Darwin.

Les bouddhistes doivent admettre les contradictions qui existent entre les mesures des scientifiques sur l'âge de la Terre et les assertions de certains écrits, comme dans *Le Trésor de l'Abhidharma* de Vasubandhu, qui situent certaines successions de renaissances dans un temps délimité physiquement. Nier les évidences pourrait contredire ce qui est physiquement observé, la philosophie bouddhiste a pour principe de ne pas s'opposer à la logique, et de ne pas s'opposer par conséquent à ce qui est observé. Les espaces-temps définis dans certains écrits ne doivent pas être pris à la lettre.

Quoi qu'il en soit, les enseignements du Bouddha sont divisés en textes sacrés et en exercices de prise de conscience. Ils mènent à la moralité, la méditation profonde et la sagesse. Avec les écrits sacrés, vous apprenez comment générer dans le flux mental ces enseignements, afin de les pratiquer, et éventuellement atteindre leur réalisation. Pour pratiquer, le savoir-faire est indispensable et, pour cela, il faut étudier des textes. Les grandes figures du bouddhisme d'autrefois assistaient à un très grand nombre d'enseignements avant de développer leur vaste connaissance. En mettant en pratique ce qu'ils avaient écouté et étudié, ils ont mis en œuvre directement ces enseignements, sous forme d'expériences.

Nalanda

À travers les siècles, les enseignements du Bouddha ont été transmis, grâce aux maîtres yogis, d'une grande institution d'études bouddhiques appelée Nalanda. C'est le plus célèbre et le plus important établissement en Inde pour appréhender, perpétuer et faire progresser le système des enseignements du Bouddha dans leur globalité. Le centre d'études a vécu l'apogée de sa renommée sous la direction de Nāgārjuna. Nombre de grands auteurs de textes bouddhistes en sanskrit sont des maîtres issus de Nalanda. Un autre grand centre d'études, Vikramalashila, lors de sa création se référa aux textes composés à Nalanda et à ses méthodes d'études, en instituant des changements mineurs.

Les personnages illustres indiens qui ont inspiré les quatre grandes écoles tibétaines sont Santarakshita et Padmasambhava pour l'école des Anciens des Nyingmapa, Virupa pour l'école Sakyapa, Naropa pour l'école Kagyupa, et Atisha pour les Gelukpa. Tous furent de grands érudits sortis de Nalanda ou de Vikramalashila. Et pour nous, les ordres religieux du Pays des Neiges conservent un lien affirmé avec l'héritage de Nalanda.

Le grand sage indien Vasubandhu affirmait que seule la pratique permet de s'approprier, de préserver et de propager les enseignements menant à la réalisation : il n'y a pas d'autre solution. En Chine, les bouddhistes adeptes de l'école de la Terre Pure étudient les enseignements du Bouddha dans le dessein de renaître sur cette Terre pure et adressent leurs plus ferventes prières dans ce sens. Parfois, en Chine et au Tibet, certains s'efforcent de méditer par la pratique de l'absorption méditative sans accorder beaucoup d'attention à l'étude des soutras. L'université de Nalanda considère qu'il est important de s'investir dans une étude profonde des textes *et* de les mettre à exécution ensuite. (Les Tibétains se polarisent quelquefois sur la construction d'un temple ou d'un monument religieux et ne s'engagent ni dans l'étude ni dans la pratique pour l'amélioration de leur bien-être. Construire un temple est appréciable, mais ce n'est pas l'essentiel de l'activité religieuse.)

Les étapes de la voie littéraire

L'introduction majeure des pratiques de la vue profonde et des actes de compassion au Tibet a été réalisée au VIIIe siècle grâce à Santarakshita, qui fut étudiant à l'université de Nalanda avant d'être invité au Tibet par le roi Trisong Detsen. À cette période, le maître indien Padmasambhava jouissait aussi d'une grande réputation à cause de sa lutte contre les obstacles qui freinaient la propagation de la doctrine bouddhiste au Tibet. L'érudit Santarakshita, le maître Padmasambhava et le roi Trisong Détsen sont célébrés comme la triade des fondateurs du bouddhisme tibétain. Le bouddhisme s'était déjà, depuis sept siècles, propagé en Chine.

Le maître yogi indien Atisa, né au XIe siècle au Bengale dans une famille royale, fit ses études à Vikramalashila avant de se rendre au Tibet. À son arrivée, le pays s'était presque totalement converti au bouddhisme. Il n'eut donc pas à combattre d'autres croyances ou à défendre les enseignements et les idées véhiculés par le bouddhisme. Compte tenu des sensibilités et de l'intérêt du peuple tibétain pour cette religion, mais aussi, en ne négligeant pas l'isolement humain dû aux caractéristiques géographiques du pays, les Tibétains avaient besoin d'un ensemble bien structuré d'instructions concrètes. Atisha rédigea à leur intention un texte appelé *La Lampe de la voie de l'éveil*.

En Inde, il est établi que les étapes de la pratique spirituelle s'organisent selon trois degrés de développement de la conscience. En revenant à cette idée d'origine, Atisa proposa aux Tibétains un système en trois étapes selon le niveau de motivation intérieure : capacité inférieure, moyenne et supérieure. Ces trois degrés s'appuient sur le principe que les enseignements du Bouddha ont pour finalité d'aider les vivants à accomplir des objectifs souhaitables provisoires et ultimes. Le but temporaire est d'obtenir une vie agréable favorable à l'exercice de la pratique spirituelle dans le cours du cycle de l'existence, pour finalement atteindre la libération de ce cycle des naissances et réaliser l'omniscience altruiste.

En définitive, ces trois niveaux de pratiquants recherchent à éliminer trois degrés de souffrance :

1. *Les douleurs physiques et mentales* (des maux de tête aux douleurs dorsales jusqu'au chagrin).

2. *La souffrance engendrée par le changement.* Les plaisirs ordinaires résultent en général d'un soulagement qui suit la douleur. Lorsque vous vous asseyez après une trop longue marche, par exemple. Ces plaisirs n'ont rien d'agréable en eux-mêmes. Et nous faisons une erreur d'appréciation en pensant que ces plaisirs éphémères ont intrinsèquement une nature de plaisir. Si être assis possédait en soi une réalité de confort, après un long moment, nous devrions être de plus en plus à l'aise. Mais, au contraire, ce côté agréable devient vite douloureux. Pouvez-vous trouver une seule pratique agréable qui, dans l'excès, ne se transformera pas en souffrance ? Manger, boire ou tenir une joyeuse conversation, cela semble fort satisfaisant au commencement, nous nous en réjouissons. Mais, dans la durée, cela

devient ennuyeux et vire en une douleur intolérable. Finalement, les plaisirs mondains semblent fades, car ils sont inconstants. Aryadeva dans les *Quatre Cents Stances* écrit :

> Le plaisir, quand il se prolonge
> Se métamorphose en souffrance
> La souffrance quand elle se prolonge
> Ne se métamorphose jamais en plaisir.

En y réfléchissant, vous trouverez que les joies ordinaires ont une nature profonde de souffrance. Vous ne pouvez pas vous en satisfaire.

3. *La souffrance permanente des états conditionnés.* Elle se réfère à l'idée que le corps et l'esprit opèrent sous la force d'émotions destructives comme le désir et la haine, et sous l'emprise d'actes (karma) comme le meurtre ou le vol induits par ces mêmes émotions. Les états émotifs neutres (sans plaisir ni douleur) sont aussi sous l'influence des causes et conditions, hors de contrôle. C'est l'origine profonde de l'ensemble des expressions de la souffrance. Le grand sage Tsongkhapa dit :

> Un porteur sous sa lourde charge ne peut être heureux tant qu'il la supporte. Pareillement, vous continuerez à souffrir tant que vous porterez le poids de l'entité corps-esprit affecté par les émotions destructives et les traces karmiques qui les génèrent. À certains moments, l'impression de souffrance est absente. Pourtant, le corps-esprit est toujours fermement enfermé dans les tendances problématiques de la souffrance et des émotions aliénantes. La souffrance omniprésente conditionnante est toujours là, et maintes douleurs sont prêtes à surgir d'innombrables

> manières. Puisque cette souffrance d'une telle potentialité imprègne la moindre des douleurs, tout en étant à l'origine des deux autres formes de souffrance, méditez souvent sur elle pour pouvoir en comprendre la réalité profonde et vous en détourner.

L'objectif des pratiquants de capacité inférieure est d'éviter les pires souffrances physiques et mentales de la transmigration vers l'état d'animaux, de fantômes faméliques ou dans le monde des enfers en atteignant un statut supérieur dans le cycle de l'existence d'hommes ou de dieux. Les pratiquants de capacité intermédiaire cherchent à éliminer les trois niveaux de souffrance en se libérant des différentes formes du cycle des renaissances, et atteignent un état au-delà de la souffrance de la vie induite par les émotions aliénantes. Les pratiquants de capacité supérieure veulent effacer les empreintes laissées dans le mental par ces émotions destructives, qui empêchent d'atteindre l'état de la pleine perfection de l'omniscience altruiste et qui freinent leurs efforts afin d'aider les autres. Ils ne cherchent pas à se libérer du cycle de l'existence mais veulent atteindre le grand éveil de la bouddhéité.

C'est ainsi qu'Atisa montre comment la multitude des méthodes pour pratiquer le bouddhisme sont réparties en trois niveaux qui correspondent à une progression de la capacité mentale – inférieure, intermédiaire et supérieure. Il est indispensable de maîtriser les pratiques du niveau inférieur pour passer au suivant. Le maître indien Shura dit :

> Une personne ayant une capacité supérieure doit connaître toutes les pratiques ; ce sont les chemins de la voie de l'intention suprême de se libérer.

Passer par les trois niveaux de pratique est impératif pour réaliser le but convoité : l'état de perfection de sagesse que le Bouddha Shakyamuni a atteint. La quête personnelle de la bouddhéité répond à la volonté d'offrir aux autres la meilleure aide. Pour y arriver, il faut identifier l'essentiel : l'émission du vœu altruiste d'être éveillé, assez puissant pour chérir les autres plus que soi-même. Par conséquent, les enseignements du Bouddha sont en relation directe ou indirecte avec l'idée d'engendrer cet état d'esprit altruiste, de le renforcer : ils le nourrissent.

Les pratiques bouddhistes destinées à générer l'altruisme sont intégrées au programme des enseignements pour les êtres à capacité supérieure. Néanmoins, pour motiver une grande compassion envers la souffrance des autres, il est indispensable d'en identifier la forme principale, qui est la souffrance rémanente issue du conditionnement inhérent à tous les composés. Il est plus facile de la déterminer d'abord en soi. Aussi, avant d'essayer de développer une grande compassion, il faut émettre le vœu de sortir du cycle de la souffrance. Dans *La Marche vers l'éveil,* Shantideva dit :

> Comment ceux qui n'auraient pas songé à leur
> propre bien-être au préalable, ne serait-ce qu'en rêve,
> Pourraient songer à un tel état d'esprit ?
> Créez-le pour l'amour des autres.

La recherche de la délivrance personnelle du cycle de l'existence figure dans les enseignements destinés aux personnes à la capacité intermédiaire. Celui qui s'emploie à échapper au moindre statut du cycle de l'existence est plus avancé que le débutant, dont le seul but est d'obtenir des renaissances agréables. Pour s'engager dans cette voie, il faut saper auparavant l'attachement excessif aux apparences superficielles de la vie. Les techniques pour y parvenir sont proposées dans les enseignements destinés aux personnes ayant une capacité inférieure.

Comme vous pouvez le voir, chacune de ces pratiques est un tremplin pour évoluer vers un autre point de vue. Alors pourquoi tout cela n'est-il pas regroupé en un seul et unique niveau permettant d'atteindre la capacité supérieure ? S'il en était ainsi, les pratiquants, par manque d'humilité, dès le commencement, penseraient déjà être en possession d'une grande capacité. Avec cette division en trois catégories distinctes, ils peuvent réellement situer leur propre degré d'avancement. En outre, ceux qui n'aspirent pas à de hauts niveaux de pratique peuvent y trouver tout de suite ce dont ils ont besoin. Puisque chaque niveau est présenté en fonction d'objectifs à accomplir, de raisons précises et de techniques indispensables pour y arriver.

Atisa, dans *La Lampe de la voie de l'éveil*, propose une méthode complète de la pratique qui englobe les différents niveaux pour progresser vers la réalisation du plein éveil. Puisque son livre renferme la gamme complète des techniques tirées des enseignements du Bouddha, les principaux courants du bouddhisme tibétain ont pris à cœur de perpétuer les enseignements d'Atisa en se référant, à la base, à des descriptifs comparables de la voie.

Méthodes d'enseignement

Lorsqu'un gourou ou un lama compétent propose de guider un élève expérimenté, en rapport avec son état spirituel, l'étudiant n'a pas nécessairement besoin de se livrer à l'étude de multiples textes. Après avoir reçu du lama des instructions formelles afin de supprimer les obstacles à sa progression, l'élève se concentre sur la méditation. Le lama a donné des conseils pertinents pour guider l'élève dans son évolution spirituelle. Dans d'autres cas, un lama ayant développé un très haut potentiel de spiritualité peut expliquer ses prises de conscience à des étudiants aptes à les comprendre, sous forme de chants sacrés, comme ceux qui sont composés par les yogis indiens, à l'instar de maître Sahara, ou les lamas dans l'ensemble des écoles bouddhiques tibétaines.

Une autre méthode d'enseignement s'inspire des riches traités ou commentaires écrits par de brillants professeurs comme les célèbres dix-sept pandits de Nalanda. Il puise dans les textes fondamentaux comprenant *La Précieuse Guirlande des avis au roi* de Nāgārjuna, *Les Cinq Traités* de Matraya, *Les Cinq Grands Traités* d'Asanga, *La Marche vers l'éveil* de Shantideva, etc. Les enseignements se divisent en deux modes : ceux qui s'adressent à des étudiants en fonction du degré de leur capacité et ceux qui ont une approche globale. Les introductions aux étapes de la voie d'Atisa et d'auteurs tibétains comme Tsongkhapa sont des enseignements basés sur une approche générale dans la tradition de l'université de Nalanda.

Si les enseignements adaptés à certains élèves sont examinés dans leur ensemble, il est possible qu'en apparence ou au sens littéral ils soient impropres, puisque l'objectif est, dans ce cas, de répondre d'une manière appropriée aux besoins spirituels de l'élève. Bouddha utilisait, lui aussi, cette méthode d'enseignement adaptée. La méthode globale est pourtant plus importante que l'adaptation des enseignements. La connaissance des principaux grands textes canoniques permet de découvrir l'idée qui se cache derrière les enseignements adaptés.

Plus grande est la familiarité avec l'ensemble des textes canoniques, moins les erreurs d'interprétation sont probables. Car il est dangereux de se contenter du sens littéral d'un seul passage sans l'avoir replacé dans son contexte général. Ayant cette notion à l'esprit, Tsongkhapa dit, en préambule de son *Grand Traité sur les étapes de la Voie* :

> De nos jours, les élèves qui ont fait des efforts dans la pratique du yoga ont peu étudié,
> Et les élèves qui ont étudié beaucoup ne sont pas aptes sur les points essentiels de la pratique.
> En ayant une idée tronquée des écritures sacrées, la plupart sont incapables
> D'avoir un raisonnement critique sur leur portée.

En ce qui me concerne, j'ai tiré un grand profit de l'étude et de la pratique d'une grande diversité d'enseignements bouddhistes.

Être pragmatique est essentiel

Pour pratiquer, il faut étudier. Mais dans l'étude, il faut savoir extraire la substance concrète du texte. Il ne suffit pas d'être érudit. Car le fait de ne pas pouvoir articuler vos connaissances pour les mettre objectivement en œuvre donnera l'impression que votre cerveau est brisé en multiples morceaux.

Avant d'écrire *Le Grand Traité sur les étapes de la Voie*, Tsongkhapa s'initia aux enseignements selon les trois lignées de transmission spirituelle d'Atisa contenues dans *La Lampe de la voie de l'éveil* : une lignée de transmission où sont exposés les textes canoniques ; une deuxième plus courte mais toujours en lien avec les mêmes écrits ; et une troisième plus abrégée, résumant l'essentiel des préceptes destinés aux étudiants selon leur capacité. L'école qui suit ces trois lignées de transmission s'appelle « La parole comme instruction » ou Kadam. Chaque parole du Bouddha est considérée comme une instruction à suivre dans sa pratique spirituelle. Le célèbre yogi tibétain Jangchup Richen disait : « Comprendre les textes canoniques comme des instructions pour la pratique. »

Avec ce point de vue, vous percevez comment les pratiques décrites dans d'autres textes s'ajustent dans le cadre de la voie de l'éveil. Cette appréhension globale des niveaux de pratique vous préserve de la subjectivité de mépriser, par exemple, un texte parce qu'il ne concerne pas les niveaux supérieurs de la voie. L'ensemble des techniques est indispensable pour aider chacun à atteindre la bouddhéité, à des moments différents sur le chemin de la réalisation. Ces exercices sont élaborés pour que les esprits les plus tourmentés, grâce à des exercices progressifs, passent à des stades de paix intérieure de plus en plus forts. La lecture des paroles de Bouddha, ou les commentaires qui en découlent, servent à mieux comprendre quelles pratiques nous aident à réaliser provisoirement des vies favorables dans le cycle des naissances, qui ouvrent la possibilité d'en obtenir la libération qui mène à la réalisation de l'omniscience altruiste de la bouddhéité.

Des personnes n'ayant pas ce point de vue global, dans des pays où le bouddhisme s'est répandu, avancent que le Bouddha n'est pas à l'origine de certains textes. Ils placent ceux qui les acceptent comme tels dans une position où ils doivent prouver leur origine, et créent ainsi des controverses, des querelles, etc. Une subjectivé analogue s'affiche dans des écoles du bouddhisme tibétain qui revendiquent l'idée qu'un nombre limité d'enseignements suffit et rejettent les autres comme superfétatoires. (J'imagine que des écoles bouddhistes rencontrent le même problème dans d'autres pays.) Cela arrive si l'on perd de vue que les textes canoniques, dans leur diversité, sont des instructions ou des préceptes, sans contradiction. La méfiance à l'égard des émotions destructives est de rigueur, comme à l'encontre du désir qui nous rend supérieurs aux autres. Ces émotions conflictuelles sont puissantes, prêtes à infléchir nos efforts les plus profonds.

Les textes canoniques, sources des enseignements bouddhistes, ne conviennent pas à une application dans la pratique quotidienne au stade où vous êtes. Nous avons besoin de conseils d'autres origines. Si vous considérez que les textes canoniques sont une ressource pour les débats philosophiques avec d'autres, tandis que les textes plus courts fournissent des éléments à la pratique, c'est une erreur magistrale. La totalité des paroles de Bouddha et les commentaires associés sont indispensables pour atteindre l'éveil. Et vous devez découvrir les moyens de les utiliser comme des instructions pour la mise en œuvre de la pratique, maintenant ou plus tard. Comme il serait ridicule d'étudier une chose et d'en pratiquer une autre. Au minimum, un enseignant très qualifié doit élaborer un projet de la future progression spirituelle qui influera sur votre cheminement.

Les niveaux de pratique

Sur le chemin progressif de l'éveil, les étapes inférieures procurent les bases fondamentales qui servent à développer une volonté profonde de protéger un nombre abondant d'êtres vivants. Bouddha a certes enseigné à des élèves, en fonction de leur disposition mentale, de se contenter de rechercher une paix et un bonheur intérieurs, les empêchant ainsi de multiplier efforts et objectifs. Néanmoins, le bonheur personnel n'est pas la priorité de la voie progressive de la réalisation. Pour soi, les efforts et les buts nécessaires sont vraiment limités, mais quand il s'agit du bien-être des autres, ils sont multiples. Voilà l'état d'esprit altruiste considéré comme l'attitude du bodhisattva. En réalité, si vous faites peu d'efforts à l'égard des êtres vivants, vous ne respectez pas l'engagement bouddhiste qui demande une attitude altruiste constante.

Je suis impuissant. Mais je constate que nous nous contentons souvent de simples souhaits et de prières pour le bonheur d'autrui. Si nous sommes en cause, nous faisons n'importe quoi pour améliorer notre sort, et non simplement émettre des souhaits !

Explication préliminaire

Commençons par regarder plus précisément les trois niveaux d'enseignements. À cette fin, je vais me référer au *Grand Traité des étapes de la Voie* de Tsongkhapa, comme à sa version abrégée, l'*Exposé des étapes de la Voie*. Tsongkhapa était un grand érudit. Il a rédigé une œuvre en dix-huit volumes, relativement peu importante en comparaison des travaux de certains autres maîtres tibétains. En revanche, ses travaux excellent en qualité. Ses commentaires des textes canoniques, en étant concis, sont aussi étonnamment pénétrants. Il insiste sur les points difficiles, citant par exemple, dans son exégèse sur la sagesse de la vacuité, des extraits de commentaires indiens qui sont parmi les plus difficiles à interpréter. Quand il présente la théorie de l'esprit seul, dans son livre *L'Essence de l'éloquence des enseignements interprétatifs et définitifs*, il se sert du chapitre sur la Réalité tiré de l'ouvrage d'Asanga, *Les Terres des bodhisattvas*, court extrait d'un commentaire très long aux parties souvent absconses. Là où un doute ou des incompréhensions persistent, il insiste. Son niveau d'érudition est véritablement extraordinaire.

En plongeant dans les écrits de Tsongkhapa les plus tardifs, ceux de la fin de sa vie, on perçoit la compréhension qu'il a acquise dans la mise en œuvre des enseignements majeurs, ce qui établit clairement son haut niveau de réalisation. En termes de connaissance des écrits sacrés et de réalisations concrètes, il a atteint un degré de développement mental très élevé, comme grand érudit et adepte parfait du bouddhisme. Ses derniers ouvrages révèlent aussi son intégrité, car il n'hésite pas à prendre des positions différentes, et quelquefois opposées, si l'on se réfère à d'autres œuvres écrites plus tôt. Il résiste à l'opiniâtreté et à l'amour-propre.

NIVEAU INITIAL DE LA PRATIQUE

7

Reconnaître notre situation comme favorable

> « Pourquoi est-ce que je dénigrerais une vie si agréable
> Lorsque je me comporte comme si cela était insignifiant, je me trompe moi-même.
> Il n'y a-t-il rien de plus fou que cela ! »
>
> Tsongkhapa.

Notre époque est désignée comme celle de l'ère de la Lampe. Mille bouddhas devraient faire la lumière sur la sagesse réalisant l'absence du soi, l'antidote aux émotions destructives. Les textes bouddhistes désignent ce monde comme « tolérable », puisqu'il possède l'antidote contre la conception erronée de la nature du soi. L'influence des émotions aliénantes n'est donc pas inaliénable, et nous pouvons tolérer cette vie déplaisante.

En l'absence de cet antidote, les émotions destructives seraient omnipotentes. En ne niant pas l'illusion d'un soi exagéré, nous nous cantonnons dans un état d'esprit qui autorise le soi à perdurer au fond de ces cœurs tournés vers « moi », « moi », « moi », un « moi » sans cesse réitératif, dont la valeur est si excessive. Par conséquent, les émotions aliénantes nous dominent, et nous tombons sous l'emprise d'une foule d'attitudes négatives. Heureusement, l'enseignement sur l'absence du soi va générer une sagesse qui permet de discerner cette méprise pour ce qu'elle est, et de surmonter l'ignorance.

Soyons conscients de la situation favorable dans laquelle nous nous trouvons à présent. Aucune raison majeure ne peut nous empêcher de pratiquer une religion, nous avons de nombreux acquis positifs. Une renaissance sous une forme inférieure à celle d'un humain nous aurait interdit le suivi d'un enseignement religieux. Impossible alors d'accéder à une pratique transformative, nous ne serions réceptifs à aucun enseignement. Dans la peau d'un animal, il est inimaginable que vous puissiez méditer sur l'impermanence, l'inexistence du soi ou émettre une intention altruiste d'atteindre l'éveil. Vous seriez incapable de développer un amour chaleureux et une compassion illimités. L'amour et une compassion que nous pourrions exprimer seraient alors mêlés de haine et de désir, rien en dehors de cela ne serait envisageable. Voilà la raison qui nous oblige à valoriser intérieurement cette naissance sous forme humaine.

Laissez-moi vous conter une histoire drôle. Il y avait un lama au Tibet qui, au cours d'un enseignement, expliquait combien il était rare d'accéder à une renaissance humaine. Un Chinois dans l'assemblée se tourna vers une personne proche de lui et dit : « On dirait qu'il n'est jamais allé en Chine ! »

Bien sûr, le simple fait de naître humain n'a rien en soi d'extraordinaire. Dans l'époque troublée qui précéda l'avènement de Bouddha ou l'apparition des grands maîtres religieux, naître en tant qu'humain ne donnait aucune chance de bénéficier de la clairvoyance de leurs enseignements.

Vous avez décidément un avantage à naître dans de telles circonstances. Notre naissance a eu lieu sous l'ère de la Lampe, période où mille bouddhas surgiront, et durant laquelle les paroles du Bouddha Shakyamuni se sont déjà largement répandues à travers le monde. Nous avons une chance incommensurable.

En l'absence d'un de nos sens, la pratique est difficile. Aveugle, la lecture d'un texte est inconcevable ; sourd, l'audition d'exposés oraux est impossible. Accablé par un abêtissement extrême, la moindre réflexion est tronquée. Nous avons évité tout cela, nos aptitudes mentales sont suffisantes pour pouvoir suivre une pratique religieuse. Nous sommes chanceux. Et si vous lisez ces mots, je suis persuadé que vous êtes sensibles à la religion. Ce sont des circonstances merveilleuses.

Une opportunité rare

> « Celui qui naît sous forme humaine
> Et qui commet des actes négatifs
> Est encore plus fou que celui qui, avec ses vomissures,
> Remplit un récipient d'or serti de pierres précieuses. »
>
> Nāgārjuna, *La Lettre à un ami.*

La renaissance sous forme humaine peut se réitérer au cours de la succession des vies, mais il serait intelligent de ne pas la gâcher. La vie en tant qu'humain est rare. Pourquoi ? Les phénomènes impermanents sont sous la dépendance de causes et conditions. Et le corps physique, véhicule de la vie bourré de potentiel, est le résultat de causes très favorables. Quelles sont ces causes ? La renaissance sous forme humaine demande, au cours de la vie précédente, le respect d'une moralité vertueuse. Par surcroît, une vie humaine où l'accomplissement de la pratique transformative est possible demande un engagement réel à être vertueux, comme à être charitable et patient. Et tous les actes méritoires doivent être accomplis en pleine conscience afin d'obtenir l'opportunité et les qualités requises à la pratique religieuse. Grâce à cette résolution, les actes ne seront pas souillés et ne laisseront pas d'empreintes karmiques dont les conséquences sont, par exemple, une renaissance sous la forme d'un gentil animal.

Trois facteurs sont indispensables pour renaître doté de cette forme humaine précieuse : un comportement de grande moralité, être généreux envers les autres, et se consacrer à ces pratiques pour en récolter le fruit au cours de cette vie. Dans cette existence, les causes et conditions sont présentes pour nous assurer une prochaine renaissance salutaire comme celle que nous vivons actuellement. Malgré cela, la plupart d'entre nous, même en étant sensibles à l'effort spirituel et à ce qu'il peut apporter, sont toujours sous le joug de leurs émotions destructives qui mènent à des actes non vertueux par nature. Et quand nous nous appliquons à agir vertueusement, il en ressort rarement quelque chose d'excellent.

Pourquoi ? Le pouvoir manifeste d'un acte, vertueux ou non, repose sur sa préparation, son élaboration et sa complétion. Une action potentiellement vertueuse, comme la méditation par exemple, demande une motivation positive lors de sa phase préparatoire, un état d'esprit transcendant au cours de la phase méditative, un plaisir dans son accomplissement, et en définitive, la mobilisation de la force qui s'en dégage pour la consacrer à l'éveil altruiste sans aucun regret. Mais son contraire dans l'accomplissement d'actes non vertueux comme tuer, voler ou mentir, etc., existe aussi. Un tel acte inspiré par une émotion aliénante devient particulièrement négatif et puissant s'il s'effectue par excitation, sans le moindre remords, et finalement avec un sentiment de satisfaction.

Si les facteurs de la motivation sont médiocres, le résultat l'est aussi. Il est, en effet, difficile lors d'un exercice de méditation de maintenir une forte volonté comme la résolution de se libérer du cycle de l'existence, d'engendrer l'amour, la compassion et le vœu altruiste d'atteindre l'éveil. Comme il est astreignant de suivre les différentes étapes d'une profonde méditation sans être perturbé par la distraction.

Par surcroît, une puissante colère quoi qu'il advienne peut saper les effets d'un acte vertueux. Heureusement, atténuer les effets nuisibles d'un acte non vertueux est possible de quatre manières : en le dénonçant, en regrettant de l'avoir fait, en s'engageant à ne plus le refaire, en se consacrant à des actes positifs comme se mettre, par exemple, au service de la communauté. L'irritation ou la colère jaillissent sans effort, alors que les actes positifs d'aveu, de contrition, de corriger ses intentions et de lutter contre les actes négatifs réclament une prise de conscience et un effort laborieux.

La perception des obstacles qui se dressent sur le chemin d'une renaissance favorable nous montre qu'il est difficile d'atteindre l'état spirituel d'un véritable pratiquant rigoureux dans ses actes, qu'ils soient physiques, oraux ou mentaux. À partir de ce constat, il devient évident que la renaissance dans cette précieuse enveloppe humaine n'a pas été facile à obtenir, et, par conséquent, nous devons profiter de cette vie avec sagesse.

La nécessité de pratiquer sans attendre

> « Puisque ce corps de circonstance et de libertés
> Fut très difficile à obtenir, et dès qu'on l'a,
> Il devient plus ardu de le mériter encore,
> Donnez à cela un sens en vous efforçant à pratiquer. »
>
> Atisha.

Sachez apprécier le privilège et le potentiel du statut obtenu dans ce monde, réjouissez-vous et sachez l'utiliser au mieux. Dans ce contexte particulier, l'utilisation de la force de réflexion analytique sert à combattre les causes de la souffrance que sont les trois poisons : le désir, la haine et l'ignorance. Progressivement, avec le temps, la totalité des émotions destructives va disparaître, laissant l'opportunité d'avoir un comportement altruiste et des actes en fonction. Le maître yogi indien Shura dit :

> La vie humaine recèle une abondance d'avantages plus qu'un joyau qui exauce les vœux. En l'atteignant, qui pourrait la gâcher ?

Chacun désire le bonheur et repousse la souffrance. Le bonheur et la souffrance résultent respectivement des actes vertueux ou non vertueux. Les destructions émotives rendent le mental agité et malheureux. Au stade où les émotions négatives diminuent, le mental devient plus joyeux et plus serein. La clé du bonheur est là dans ce mental insoumis. Il faut donc le discipliner à l'aide de la pratique transformative. Je recherche cette voie :

> Plus de dix milliards d'humains vivent sur terre, chacun d'entre eux veut le bonheur et refuse la souffrance. Ils se divisent en trois groupes : ceux qui acceptent la pratique transformative, ceux qui nient sa portée et ceux qui la rejettent. Ceux qui rejettent la pratique transformative en réalité ne perçoivent pas les émotions destructives comme un problème. Ils comprennent bien que le désir et la haine sont toxiques, et acceptent les confusions intérieures qu'ils provoquent. Ceux qui s'engagent dans une pratique transformative, en particulier le bouddhisme, voient dans le désir et l'aversion des émotions qu'il faut détruire. Ils sont pour la plupart plus apaisés.

Voilà pourquoi la pratique est utile. En tant qu'humains dotés d'extraordinaires qualités, nous avons la capacité de nous consacrer à la pratique, nous devons le faire. Rien ne nous garantit d'avoir d'aussi bons avantages dans une prochaine renaissance. Tsongkhapa dit :

Il faut penser : « Jour et nuit, je dois faire bon usage du corps qui est le mien, foyer de la maladie, à l'origine des souffrances de la vieillesse, et sans substantialité comme une bulle.»

Utiliser cette vie avec intelligence

Comme nous l'avons vu, les principes bouddhistes et la pratique demandent une utilisation de la réflexion analytique. Les humains ont heureusement une formidable capacité à penser. À l'aide de la force de l'analyse, nous avons la possibilité de générer un altruisme à la portée incommensurable.

Pour développer l'intention altruiste d'atteindre l'éveil, il est indispensable de bien discerner ce que signifie l'éveil. Pour cela, le mental de chaque être vivant doit être perçu comme vide d'existence inhérente. Cela fait prendre conscience que le concept d'existence inhérente est lui-même erroné. La nature profonde des êtres vivants repose sur leur aptitude à l'éveil qui est la nature du Bouddha.

La sagesse du discernement est essentielle pour comprendre que l'ensemble des êtres vivants possèdent et une base pour atteindre l'éveil. Comprenez d'abord que vos problèmes résultent d'une perception mentale erronée qui fait apparaître le soi, les autres et les choses comme ayant une nature autonome. L'erreur entérinée, le cheminement vers l'éveil est possible. Éveillé, vous pouvez élargir cette réalisation à la totalité des êtres vivants. Tous peuvent atteindre l'éveil. Voilà posée la base qui servira à cultiver le vœu d'aider les autres jusqu'à l'éveil.

La sagesse de l'altruisme est inconcevable sans l'analyse. Sans elle, le flot continuel de la distraction vous perturbe. Avec elle, vous prenez conscience que les phénomènes qui apparaissent comme ayant une existence vraiment intrinsèque n'en ont pas. Voilà pourquoi les fidèles du bouddhisme à travers les âges ont toujours souligné que la renaissance sous forme humaine est inestimable.

Atteindre un haut niveau spirituel demande de la sagesse. Des êtres tels que Nāgārjuna, en s'attachant à ces principes, ont atteint un niveau spirituel élevé. Et vous devez penser qu'il n'y a aucune raison pour ne pas en faire autant. Cette incitation est décisive.

Réflexion méditative

En considérant que :

1. Votre situation actuelle est très heureuse puisque rien ne vous empêche d'avoir une pratique religieuse, et que vous possédez des avantages favorables pour atteindre un développement spirituel supérieur.
2. Cette situation est rare.
3. Retrouver un tel avantage dans une prochaine vie réclame foncièrement de la moralité, de la générosité, etc., dans le but d'obtenir, dans la prochaine renaissance, une vie humaine favorable.
4. Les effets négatifs des actes non vertueux peuvent être atténués de quatre façons : en les dénonçant, en regrettant de les avoir commis, en s'engageant à ne plus les

refaire, en se consacrant à des actes positifs comme se mettre, par exemple, au service de la communauté.

5. Les actes vertueux sont envisageables s'ils naissent de l'élaboration d'une bonne motivation, s'accomplissent avec une attention particulière, et en dédiant finalement la force qui s'en dégage à un éveil altruiste sans aucun regret.

6. Il est essentiel de cultiver une aversion pour les émotions destructives.

7. Pensez dans votre for intérieur :

Jour et nuit, je dois faire bon usage du corps qui est le mien, foyer de la maladie, à l'origine des souffrances de la vieillesse, et sans substantialité comme une bulle.

8

Reconnaître notre mortalité

« Un endroit préservé de la mort
N'existe pas
Ni dans l'espace, ni dans les mers,
Ni en restant protégé au cœur des montagnes. »

Bouddha.

Bouddha a enseigné la méditation sur la mort afin de combattre l'idée erronée de la permanence de la vie. L'observation des conséquences engendrées par une absence de prise de conscience de la mort nous incite à réaliser cet exercice. La plupart des gens qui suscitent des troubles et détruisent leur vie sont ceux qui donnent un sens fallacieux à leur pérennité. Ils croient vivre pour longtemps entourés de leurs parents et amis. Ils pensent que leur bonheur est immuable et constant. Alors ils agissent pour favoriser leur entourage aux dépens des autres et s'engagent dans des activités néfastes qui apportent désolation et ruine pour les autres et eux-mêmes.

Adhérer à l'hypothèse que nous vivrons longtemps, dans la permanence, fragilise la nature du soi et des autres par l'irruption d'idées et d'intentions négatives. Cette situation repose sur la perception erronée de la permanence. Elle interdit toute prise de conscience de la mort. Si la mort est considérée comme pouvant frapper n'importe quand, de tels ennuis sont écartés, car avoir pleinement conscience que la mort est inévitable nous mène à réfléchir à une vie future. S'il existe un doute sur le principe de la renaissance, intéressez-vous aux avantages que procure cette vie et à ce qu'elle pourrait être. Puis, vous vous interrogerez sur le karma, sur la causalité des actes. Réflexion qui vous détache des activités nocives pour encourager celles qui sont salutaires. Vous allez ainsi donner un sens positif à votre vie.

À force de ne pas faire la moindre allusion à sa propre mort, comme si elle était improbable, le jour où elle arrive, une peur et un profond malaise vous envahissent. Constater que la mort est naturelle crée une grande différence. On s'accoutume alors à l'idée de mourir, ce qui encourage à s'y préparer et à rechercher le moyen de gérer son mental à ce moment-là. Au jour de votre mort, ces préparatifs auront un impact profond. « Voici la mort », penserez-vous en réagissant comme prévu, insensible à la peur.

Imminence de la mort

« Maintenant, il est temps de vous
Distinguer des animaux domestiques. »

Jangchup Rinchen, grand yogi tibétain.

La méditation sur l'imminence de la mort s'élabore à partir de trois principes, basés chacun sur trois arguments qui mènent à une résolution. En voici un résumé qui sera suivi par des explications point par point.

Premier principe : méditer sur l'idée que la mort est certaine

1. car la mort est inévitable,
2. car la durée de la vie n'est pas extensible et ne peut perdurer ne serait-ce qu'un peu,
3. car la vie malgré sa durée ne nous laisse que peu de temps pour pratiquer.

PREMIÈRE RÉSOLUTION : JE DOIS PRATIQUER

Deuxième principe : méditer sur l'incertitude de l'heure de la mort

4. car la durée de notre existence dans ce monde n'est pas définie,
5. car les causes de la mort sont multiples et celles de la vie rares,
6. car le moment de notre mort est une inconnue, notre corps est si fragile.

DEUXIÈME RÉSOLUTION : JE DOIS PRATIQUER SANS ATTENDRE

Troisième principe : méditer sur l'idée que rien ne nous secourera au moment de mourir, sauf la pratique transformative

7. car au moment de la mort, les amis ne sont d'aucun secours,

8. car au moment de la mort, la richesse n'est d'aucun secours,
9. car au moment de la mort, le corps n'est d'aucun secours.

Troisième résolution : je veux être détaché des merveilleuses choses qui nous entourent

La certitude de la mort

Une chose qui naît, eût-elle l'aspect d'un objet dans le monde extérieur ou celui d'un être vivant, va lentement vers la désagrégation. Des astrophysiciens avancent que nous sommes à vingt-cinq milliards d'années du Big Bang initial, cette explosion cataclysmique qui a donné naissance à l'univers, d'autres proposent douze milliards, ou encore dix-sept ou dix-huit. Il y a donc un commencement, et sur un certain point, il est indiscutable que l'univers aura une fin. Les montagnes qui se dressent sur Terre depuis des millions d'années s'érodent à chaque instant. Et les êtres vivants qui peuplent le monde sont bien plus fragiles qu'une d'entre elles, et inexorablement ils vont vers leur mort.

Le corps est tributaire de tant de conditions et d'éléments qu'il forme une entité complexe. La moindre peccadille peut entraîner un problème. S'il était seulement empli d'un liquide, il n'y aurait que cela. Mais le corps humain est très élaboré : les cinq organes principaux – cœur, poumons, foie, rate et reins – se régulent chacun selon leur processus qui, déréglé, est source de problèmes.

L'organisme humain comparé à un objet solide est plus vulnérable et demande une surveillance constante.

Depuis que les hommes sont apparus, il y a environ un million d'années, personne n'a réussi à échapper à sa destinée mortelle et aucun ne le pourra. La mort est certaine. Bouddha disait :

> Les divers êtres vivants dans le monde sont, comme les nuages d'automne, impermanents.
> La naissance et la mort sont comme un spectacle.
> La pérégrination d'une vie est comme une lumière traversant le ciel.
> Elle va vite comme emportée dans le flot d'une cascade.

La certitude de la mort appelle à s'engager dans la pratique spirituelle.

L'heure de la mort est indéterminée

Au plus profond de nous-même, nous savons que la mort arrivera. Mais nous voulons croire que cela se passera dans longtemps. Au moment où elle se manifeste nous continuons encore à penser qu'il n'est pas encore l'heure. Cet état d'esprit nous conforte à repousser le but suprême d'un vrai bonheur sempiternel.

L'illusion de la permanence favorise les atermoiements. Il est capital de se remémorer souvent que la mort arrive n'importe quand. La vie est fragile. Et les choses qui l'améliorent comme la voiture ou qui nous aident comme les médicaments peuvent la provoquer. Dans *La Précieuse Guirlande des avis au roi*, Nāgārjuna dit :

> Les causes de la mort vous entourent
> La lumière d'une lampe dans une brise puissante.

La précarité de la vie doit nous forcer immédiatement à nous engager dans une pratique spirituelle. Pratiquer une religion n'est pas une activité physique. Bien que les actes vertueux, corporels et verbaux, soient importants, la religion induit une transformation mentale. Il ne s'agit pas seulement de comprendre quelque chose de nouveau. Le continuum de la conscience s'imprègne de sagesse afin que l'esprit insoumis soit maîtrisé, pour qu'il soit au service de la vertu. Cela doit nous inciter à pratiquer au plus tôt. Si vous vous appliquez, dès à présent, à faire au mieux pour transformer le mental, lors de la mort, dans la maladie ou la douleur, le puissant sentiment de paix intérieure ne sera pas troublé, restera solide comme une montagne, enfoui au tréfonds de l'esprit.

À l'instant de la mort tout devient vain sauf la pratique

Une pratique fructueuse est cruciale. Observons comment défilent nos journées. Quelques-uns parmi nous pratiquent un peu, grommellent des mantras. Si tout va bien, nous nous inquiétons un peu des « autres êtres vivants ». Mais un petit événement inattendu nous dérange, nous devenons agressifs envers les autres, nous les décevons, pour finalement perdre notre soif spirituelle. La vraie pratique n'a rien de comparable avec cette activité sporadique, qui ne prépare pas l'esprit aux situations intolérables. Se consacrer immodérément à son propre confort mondain nous détourne de l'objectif final.

À Lhassa, la capitale du Tibet, un flâneur vint s'enquérir auprès d'un individu assis en méditation : « Que fais-tu ? – Je médite sur la patience », lui répond-il. Le promeneur lui lance : « Ânerie ! » Et l'homme qui médite de le tancer : « TU es un âne ! » L'homme en méditation n'a finalement pas su résister à une espièglerie.

Quand tout va bien, il est facile de prendre cette posture de sérénité en méditant. Mais l'apparition de la première contrariété dans l'environnement immédiat révèle combien peut être superficiel cet exercice. Si, de votre vivant, la pratique n'est pas probante, au moment voulu, au tournant de la mort, sa portée aura difficilement un impact puissant. La pratique doit s'effectuer avec une concentration intérieure profonde.

Soyez courageux, de mois en mois, d'année en année, pour que votre perception, votre façon de penser et votre comportement en soient affectés. Plus tard, le corps en sera peu modifié, mais le mental aura subi une profonde révolution. Après cette transformation, face à l'adversité vous allez encore renforcer votre caractère, pour améliorer la pratique spirituelle et progresser sur le chemin vers l'éveil. Vous serez alors un vrai pratiquant.

Les deux pratiques principales sont l'altruisme et la perception de la vacuité, ou la production conditionnée. Lorsque vous aurez atteint un certain niveau de pratique, ces points de vue seront devenus des amis loyaux et des protecteurs inébranlables. Des dispositions mentales qui vont être fort utiles dans l'immédiat jusqu'à la mort, que ces pratiques deviennent les racines, l'essence de la vie. Il faut donc prendre la décision de se détacher des choses illusoires et fugitives et cesser les atermoiements, afin de vous engager dans la pratique à votre niveau.

Dissiper les idées erronées

En 1954, je suis allé à Pékin pour rencontrer Mao Zedong. Lors de notre dernière entrevue en 1955, il m'a dit : « La religion est un poison pour deux raisons : elle nuit d'abord au développement du pays, et diminue ensuite la croissance de la population. » Il pensait que les personnes qui s'engagent dans la voie monastique sont responsables de la réduction du nombre des naissances. Avec du recul, je ne saurais dire si un nombre important de vœux monastiques en Chine eussent fait diminuer la population ! En vérité, Mao ne comprenait pas le sens de la religion.

Parfois, les personnes qui acceptent l'idée d'une mort incertaine concluent de manière erronée que les projets deviennent inutiles dans leur vie, et décident en conséquence de ne plus rien faire. C'est une mauvaise interprétation, il est seulement question de ne plus se consacrer exclusivement à la réalisation d'un bonheur égocentrique, de vouloir vivre longtemps, de s'enrichir encore et encore, de bâtir une maison au-delà de la nécessité, etc. Et, au contraire, il s'agit de s'engager dans des activités au service du bien-être social : construire des écoles, des hôpitaux et des usines. La vie doit reposer sur une préoccupation altruiste.

Voici, par exemple, comment se comportait Dromton, le disciple d'Atisa, au XIe siècle. Ayant atteint la pleine réalisation de la pratique de l'éveil, il décida de construire un temple à Rato dans le Tibet central. Et il ne se contenta pas de s'asseoir et de penser : «Oh! moi, je peux mourir aujourd'hui.» Au début du XVe siècle, Tsongkhapa bâtit lui aussi l'université monastique de Ganden. Et dès qu'il l'acheva, il conseilla à son élève Jamyang Chojay d'aller près de Lhassa construire le monastère Drepung, et un autre de ses élèves, Jamchen Chojay, sur un site à l'opposé de la ville, fit élever le monastère Sera. Ils ont tous les trois entrepris de grands projets pour faire progresser le bien-être de la société pendant des centaines, et même des milliers d'années.

Le premier Dalaï Lama, Guendün Droup, était un grand maître et un adepte accompli du bouddhisme, un réel bodhisattva. Il fit le choix de construire une université monastique à l'ouest du Tibet, le monastère Tashi Lhunpo. Très tôt, un matin, il désira donner un enseignement portant sur des textes majeurs, mais il décida d'envoyer ses élèves chez les habitants de la région pour collecter des fonds pour la construction du monastère. Il dirigea personnellement les travaux auprès des ouvriers. Il s'est investi sans restriction dans chacune de ses tâches : l'enseignement, l'écriture, la recherche de dons et la construction. Il ne fit pas ces efforts pour son bien-être mais pour le bien de la société entière. C'était un simple moine qui ne possédait rien. Il s'engageait dans de nombreuses actions pour le bien-être des autres à long terme.

Nous, à l'inverse, nous avons souvent un esprit mesquin. Nous nous écartons des sollicitations pour aider à l'amélioration de la société avec pour prétexte le manque de temps ou le caractère éphémère de telles actions. Quand notre bien-être est en question, que cela concerne un gain d'argent, un meilleur logement, etc., nous oublions l'aspect éphémère. Nous devons nous inquiéter de telles attitudes et être plus attentifs à notre vie pour discerner si nous sommes dans cet état d'esprit.

Conseil pour le jour de votre mort

Nous mourrons tous. Et nous devons réfléchir au comportement à avoir face à la mort. Au cours de la vie, vous vous êtes accoutumé à prendre des attitudes vertueuses. Ainsi, au moment de la mort, vous serez capable d'adopter une position vertueuse. Placer près du lit une image religieuse, ou avoir l'assistance d'un ami, sera d'une grande aide. Si vous avez souvent mal agi au cours de la vie, si proche du trépas, vous devez faire un acte de profonde contrition pour ce que vous avez commis. Vous aurez ainsi, probablement, une possibilité d'obtenir une renaissance dans une vie favorable où la pratique religieuse est envisageable.

Et, à l'inverse, l'engagement vertueux d'une vie peut être remis en cause si un sentiment profond de haine ou de désir se manifeste, qui influencera défavorablement la renaissance. Vous devez prêter une grande attention à l'état de la conscience et trouver la mort dans le calme de l'esprit avec compassion, amour, confiance et autres sentiments vertueux. Pendant le passage d'une personne que vous connaissez vers l'au-delà, veillez à ne pas provoquer chez elle du désir ou de la colère.

Réflexion méditative

En considérant que :

1. La permanence ou l'inconscience de la mort créent l'idée négative que vous allez exister pour longtemps. Cela conduit ensuite à avoir des activités anodines qui vous fragilisent, vous et les autres.
2. La conscience de la mort vous pousse à penser à la probabilité d'une renaissance future et vous montre l'aspect avantageux de cette vie. Cela vous engage à vous consacrer à des activités solidaires à long terme, et à refréner l'attrait de ce qui est superficiel.
3. Pour avoir le sentiment de l'imminence de la mort, méditez sur la force des trois principes, neuf raisons et trois résolutions :

Premier principe : méditer sur l'idée que la mort est certaine

1. car la mort est inévitable,
2. car la durée de la vie n'est pas extensible et ne peut perdurer ne serait-ce qu'un peu,
3. car la vie malgré sa durée ne nous laisse que peu de temps pour pratiquer.

PREMIÈRE RÉSOLUTION : JE DOIS PRATIQUER

Deuxième principe : méditer sur l'incertitude de l'heure de la mort

4. car la durée de notre existence dans ce monde n'est pas définie,

5. car les causes de la mort sont multiples et celles de la vie rares,

6. car le moment de notre mort est une inconnue, notre corps est si fragile.

DEUXIÈME RÉSOLUTION : JE DOIS PRATIQUER SANS ATTENDRE

Troisième principe : méditer sur l'idée que rien ne nous secourera au moment de mourir, sauf la pratique transformative

7. car au moment de la mort, les amis ne sont d'aucun secours,

8. car au moment de la mort, la richesse n'est d'aucun secours,

9. car au moment de la mort, le corps n'est d'aucun secours.

TROISIÈME RÉSOLUTION : JE VEUX ÊTRE DÉTACHÉ DES MERVEILLEUSES CHOSES QUI NOUS ENTOURENT

4. Assurez-vous de n'avoir aucun sentiment de profonde haine ou désir au moment de mourir, cela pourrait avoir de l'influence sur votre renaissance.

5. Si vous avez eu une vie où vous avez très souvent mal agi, si proche du trépas, il faut faire acte de profonde contrition pour ce que vous avez commis. Cela est utile pour la prochaine vie.

9

Penser aux vies futures

« S'il n'y a aucune limite
Dans cet océan de souffrance,
Oh ! candide, pourquoi n'es-tu pas
Concerné alors que tu t'y noies ? »

Aryadeva, *Les Quatre Cents Stances.*

Mourir est une évidence, c'est le début du processus qui conduit à la vie suivante. Nous devons donc réfléchir à ce qu'il se passe après la mort. Cela n'aurait aucun sens de finir desséché comme un arbre ou une fleur flétrie. Une réflexion profonde sur ce qu'il advient après la mort nous oblige à agir avec précaution dans le sens où cela produira un impact favorable pour notre prochaine vie.

La contemplation méditative doit porter sur l'idée d'une mort obligée comme sur la vie qui suit. Quand vous en serez là, vous serez plus attentif aux modalités les plus profondes de la vie. Vous vous concentrerez sur le fonctionnement du karma – la manière dont vos actes ont des effets déterminés. En acceptant l'idée d'une renaissance, vous allez déterminer ce qui est essentiel, et au fond de vous-même, vous commencerez à vous préparer pour ce moment-là.

Que se passe-t-il après la mort ?

En réfléchissant à ce qui se passe après la mort, nous nous heurtons à de nombreuses difficultés. Pendant des millénaires, les humains se sont interrogés sur l'existence ou non d'une vie future. Certains ont cru que la conscience est reliée au corps physique. La disparition corporelle amenant l'arrêt du continuum de la conscience. D'autres abondent dans l'idée que le mental ou l'âme se sépare et se retrouve au paradis ou en enfer. En Inde, des adeptes de croyances non bouddhistes maintiennent que le soi est indépendant de l'entité corps-esprit, dont il se débarrasse pour prendre un nouveau corps dans le processus de renaissance.

Le bouddhisme affirme que le soi renaît toujours et qu'il est fondé sur la relation avec l'entité corps-esprit pour une vie donnée. Le soi, la personne, le moi repose sur un continuum individuel de la conscience. Un homme déterminé est pourvu ou assigné à une entité corps-esprit dont la base est un continuum de conscience humaine.

Cette conscience jaillit-elle des neurones de nos cerveaux ou d'autre chose ? Si l'on prouvait avec certitude que la conscience émane du cerveau, l'idée de vies antérieures et futures deviendrait difficile à soutenir. Or, des personnes ont prouvé qu'elles se remémoraient leurs vies antérieures, il faut en tenir compte d'une manière ou d'une autre. Les scientifiques ont là un champ de recherches si vaste qu'en s'y lançant immédiatement, ils pourront probablement encore poursuivre leurs investigations jusqu'au XXIIe siècle !

En s'appuyant sur notre sagacité, nous pouvons toutefois parfaitement saisir que les multiples formes de conscience sont en relation avec un organe physiologique tel que le cerveau. Il est notoire, par exemple, que la conscience sensorielle existe grâce aux yeux, oreilles, nez, langue et corps. Les textes bouddhistes disent que les organes rattachés aux sens, en capturant les couleurs et les formes, les sons, les odeurs, les goûts et les consistances comme l'onctuosité, définissent l'état de la conscience sensorielle.

Les éléments matériels comme le corps dépendent de causes et conditions. La conscience résulte aussi de causes et conditions particulières. Il y doit donc y avoir un continuum de causes pour une entité précise. Le corps est lié au matériel génétique des parents, sperme et ovule, qui provient, lui aussi, de leurs parents, et ainsi de suite, jusqu'aux simples organismes originels dont les plus anciens sont apparus il y a un milliard d'années. Les traces du continuum causal du corps se retrouvent jusque dans les particules élémentaires à l'origine de la formation du système terrestre. Antérieurs à ces découvertes scientifiques, les écrits bouddhiques mentionnent une substance subtile. Les particules de l'espace sont évoquées dans le *Kalacakratantra* et les commentaires associés. Le corps résulte de ce continuum du flux des particules élémentaires de la matière.

La nature lucide et cognitive de la conscience doit donc avoir son propre flux de causes originelles pour exister. L'insubstantialité mentale ne peut pas se transformer en conscience, même à l'aide d'éléments comme les organes sensoriels – les yeux, par exemple – d'un côté, et des objets concrets à regarder – ce grand bâtiment grisâtre – de l'autre.

Les scientifiques ont récemment démontré l'influence de la pensée sur les évolutions physiologiques du cerveau. Cultiver la compassion, par exemple, métamorphose le mental et rejaillit sur son fonctionnement. La conscience n'a pas une nature unique, elle est immense et multiple. Les formes de conscience sont nombreuses, et leurs niveaux vont du plus grossier au plus subtil. Et certaines formes sont corrélées au cerveau et d'autres pas.

Les enfants nés d'un même lit ont parfois des mentalités fort différentes bien qu'ils aient partagé une seule et même éducation. Les différences corporelles montrent que chaque enfant a hérité d'un génome distinct des parents. Mais cette explication est insuffisante pour expliquer de telles variations entre membres d'une fratrie. Les facteurs physiques influencent sûrement la clairvoyance, la largeur d'esprit et l'intelligence, mais ils ne sauraient tout expliquer.

Les automatismes habituels des vies précédentes pourraient aussi avoir une influence. En effet, certaines attitudes marquent et affectent pour longtemps le flux continu de l'esprit. La conscience, dans ce cas, dès le début dans le ventre maternel, est déjà affectée par des forces conditionnantes. Nous devons donc considérer ces premiers instants comme découlant du flux mental de la vie précédente. Le célèbre logicien et philosophe indien Dharmakirti dit :

> Comme l'état de non-conscience ne saurait être à la source de la conscience
> L'idée que le cycle de l'existence n'a pas de commencement est réaliste.

Pour moi, les personnes qui se souviennent avec précision de leurs vies antérieures apportent des preuves très tangibles. Ils confirment spontanément l'existence de vies passées grâce à leur mémoire directe, d'autres preuves sont inutiles. Parmi nous, des Tibétains se rappellent avec force détails de leurs vies passées. J'ai pris connaissance récemment de l'histoire de deux jeunes Indiennes qui se souvenaient de leur existence précédente. Et aussi de ce petit garçon de trois ans qui racontait avec beaucoup de conviction l'accident automobile où il avait succombé. Des nombreux cas ont été étudiés par le défunt professeur Ian Stevenson de l'université de Virginie. Il a découvert un nombre significatif de personnes dont le vécu antérieur était vraisemblable. Et il a rassemblé leurs témoignages dans plusieurs livres. Peut-être avez-vous rencontré des enfants qui rapportent de tels propos. Ils sont en général rejetés ou ignorés par ceux qui ne croient pas au concept de vies antérieures. Je pense que nous devons nous intéresser aux histoires que les jeunes enfants nous racontent.

L'existence de vies antérieures n'est pas à déterminer en fonction d'une majorité de personnes qui s'en souviendraient ou pas. Il me semble, plutôt, que les souvenirs fiables d'une seule personne peuvent démontrer que nous avons tous eu des existences passées, que nous en ayons le souvenir ou non. Peu de gens, parmi le cercle très étendu de mes relations, de vrais pratiquants, avaient un souvenir précis de leurs vies passées. La pratique de la méditation les a beaucoup aidés.

La conscience étant un flux continuel, la mort revient alors à changer de peau quand le corps dans lequel nous sommes n'est plus en capacité de survivre. Mais le flux de conscience a-t-il une origine, un début ? Dans l'affirmative, la conscience primordiale devrait avoir été engendrée à partir d'une insubstantialité mentale. Idée absurde, voilà pourquoi le bouddhisme parle d'une absence d'origine dans le cercle des renaissances.

Les origines du monde

Comment les galaxies se sont-elles formées ? Elles apparaissent avec le Big Bang. Mais comment le Big Bang s'est-il produit ? Nous devons garder à l'esprit que les causes impermanentes sont conditionnées par leurs propres causes. Le mieux est donc d'établir le postulat selon lequel une cause primordiale existe. Mais un problème se pose alors, puisque ce qui est permanent n'a pas la capacité d'engendrer des effets impermanents, car cela signifierait que le changement puisse résulter de quelque chose de permanent, et c'est impossible. Prenons l'exemple, d'un dieu créateur. Il faut se demander s'il est éternel ou non. Et nous sommes face à un dilemme, car s'il est impermanent il faut en rechercher les causes. S'il a été créé par un autre dieu créateur, celui-ci aura aussi été créé par un autre, et ainsi de suite. À l'inverse, poser le principe d'un créateur divin omniscient, compassionnel et tout-puissant est problématique, face à ce monde en proie aux tourments.

Ne voyez pas dans mes propos une critique d'autres religions. J'essaie simplement de vous éclairer sur le mode de réflexion bouddhiste. Le bouddhisme s'est affranchi de l'idée d'un créateur omnipotent en définissant une théorie différente. Comme le maître d'œuvre bâtit une maison, selon l'enseignement bouddhiste, le monde entier s'est formé sous les influences karmiques des êtres vivants qui le peuplent. Les actes commis dans les vies antérieures sont appelés karmas (empreintes karmiques). Ils interagissent avec les particules de matière qui se forment indépendamment du karma. Les karmas des êtres, qui vivent dans un environnement donné, créent les conditions qui vont peu à peu affecter son aspect. Le monde dans lequel nous vivons s'est formé après que nous y avons pris vie. Les empreintes karmiques, qui façonnent notre monde, proviennent d'autres vies antérieures sur des temps illimités.

Je pense que ce point de vue ne répond peut-être pas complètement à notre questionnement, mais il en nourrit l'esprit.

Comment le karma façonne nos vies

Le karma des êtres, qui vivent dans le monde, forge son aspect. En conséquence, certains de nos actes dans des existences passées ou présentes prédéterminent notre prochaine renaissance. Nous naissons avec la volonté d'éviter les souffrances corporelles et mentales. Malgré cela, ne sommes-nous pas plongés dans la souffrance ? Car nous jaugeons mal les origines de la douleur. Malgré le refus de souffrir, nous prêtons peu d'attention à la souffrance et nous n'en connaissons pas les causes.

Parfois, nous cultivons les causes qui produisent la souffrance : pour des profits immédiats, des gens en escroquent d'autres, abattent des animaux pour un bon repas, ou versent dans le meurtre. Observez le nombre incalculable de vols, comportements sexuels déréglés, mensonges, médisances, calomnies et ragots. Ces comportements illustrent le fait que, malgré le refus de la souffrance, en ne prêtant pas attention à ses causes nous commettons avec empressement des actes qui nous entraînent à un point où elle devient irréversible.

Pour bien concevoir que ces actes sont négatifs et motiver une intention profonde de les refréner, une réflexion sur la relation entre l'acte et sa conséquence – son fruit – doit être menée. Comprendre que le résultat de certains actes est dangereux permet de s'en détourner. Dans les écrits bouddhistes, la souffrance est montrée comme la résultante de renaissances défavorables, pour encourager la réflexion sur ce qui les provoque.

La variété de renaissances

Réfléchissez à la souffrance des êtres vivants dans des situations extrêmes, comme les animaux, et imaginez-vous à leur place, pour entrevoir immédiatement comment la vie est difficile et la renaissance à venir pourrait être atroce. Cette puissante prise de conscience va vous motiver à mieux contrôler vos automatismes, ces actes dus aux rémanences karmiques, qui ont présidé à cette renaissance. (Vous ne choisirez pas l'endroit où vous allez renaître, mais la renaissance est sous l'emprise du karma.) Les écrits bouddhistes proposent trois catégories de destinées défavorables :

— Les naissances animales, où la souffrance résulte des rapports de force entre le fort et le faible, de capacité limitée à pouvoir communiquer ou penser, d'être sous le joug des hommes.

— Le domaine des esprits avides qui souffrent de ne pas pouvoir étancher leur soif et rassasier leur estomac à cause de leurs difformités physiques et du monde de privation extrême qui les entoure.

— Les enfers où les êtres souffrent intensément de la chaleur et du froid.

La condition animale ne nous est pas inconnue. Car, en effet, les humains ressentent des souffrances comparables à celles que subissent les animaux, les esprits avides et les êtres des enfers.

Pour éviter de telles renaissances et s'en ouvrir de plus favorables, il faut s'engager dans la pratique morale afin de ne pas succomber aux dix actes non vertueux mentionnés ci-dessous :

— trois actes non vertueux majeurs concernent le corps : tuer, voler, avoir un comportement sexuel déréglé ;

— quatre actes non vertueux majeurs concernent la parole : mentir, calomnier, proférer des paroles grossières et se complaire dans les bavardages inutiles ;

— trois actes non vertueux majeurs concernent l'esprit : la convoitise, la malveillance et entretenir des idées fausses.

Pour ne pas commettre d'actes non vertueux, il est essentiel de connaître la différence entre les actes bénéfiques qui créent des effets favorables et les actes nuisibles qui ont des effets négatifs. Néanmoins, le lien subtil qui existe entre les actes vertueux accomplis dans une vie et leur arrivée à maturation dans une vie future est difficile à saisir. Grâce à l'analyse, certains phénomènes cachés sont intelligibles, mais ce mode de réflexion est insuffisant pour percer des sujets très sibyllins. Seuls les bouddhas parfaitement omniscients connaissent les effets des phénomènes profondément cachés. Même, les bodhisattvas du plus haut niveau de réalisation ne comprennent pas ces relations très subtiles. Il faut toujours se fier aux écritures sacrées pour vérifier qu'il n'existe aucune incohérence, qu'elle soit explicite ou implicite, sur un sujet précis abordé dans les textes sacrés de Bouddha, comme il ne doit pas y avoir de contradiction entre le résultat de l'analyse logique et de l'observation directe. Ce triple examen est la solution qui nous permet de vérifier si un texte sacré doit être pris à la lettre ou s'il requiert une interprétation.

Réflexion méditative

En considérant que :

1. Une chose substantielle comme votre corps dépend de causes et de conditions diverses. En définitive, une telle entité résulte d'un continuum de causes. Le corps est rattaché par le génome aux parents, sperme et ovule, qui provient, lui aussi, de leurs parents, et ainsi de suite.
2. La conscience dépend aussi de ses propres causes et conditions, ce qui prouve l'existence d'un continuum de

causes responsable de la nature lucide et cognitive de l'esprit, qui résulte de vies antérieures.

3. Étant donné que les enfants d'un couple présentent une grande variété de différences, il est probable que les prédispositions cognitives héritées d'existences antérieures sont actives dans cette vie.

4. Les souvenirs avérés sur des vies passées confirment la réalité du cycle des renaissances. Ils montrent que nous avons tous vécu d'autres existences, même si nous n'en avons plus le souvenir.

5. Le cycle des naissances n'a pas de commencement.

6. Comme le maître d'œuvre bâtit une maison, selon la doctrine bouddhiste le monde entier s'est façonné sous l'emprise des rémanences karmiques, héritées d'autres vies passées, sur une période de temps illimitée, des êtres vivants qui le peuplent.

7. Nos actes déterminent l'état dans lequel nous allons renaître, comme ils façonnent le monde dans lequel vivront en fonction du karma des êtres qui le peuplent.

8. Le lien de causalité entre les actes et leurs fruits demande réflexion pour pouvoir en comprendre l'ensemble des implications.

9. Pour vous refréner à commettre des actes (karmas) entraînant des effets négatifs sur une prochaine renaissance, mentalement, visualisez les souffrances des êtres dans des positions déplaisantes, y compris des animaux, et imaginez-vous plongé dans une situation comparable.

10. Agissez pour éviter les dix actes non vertueux définis ci-après :

— trois actes non vertueux majeurs concernent le corps : tuer, voler, avoir un comportement sexuel déréglé ;

— quatre actes non vertueux majeurs concernent la parole : mentir, calomnier, proférer des paroles grossières et se complaire dans les bavardages inutiles ;

— trois actes non vertueux majeurs concernent l'esprit : la convoitise, la malveillance et entretenir des idées erronées.

10

Trouver refuge

> «Abandonné dans l'océan sans fond du cycle de l'existence,
> Dévoré par les féroces monstres marins
> De l'attachement et des autres sentiments de nature analogue,
> Vers quoi puis-je me diriger pour prendre refuge maintenant ?»
>
> Dignaga.

Si nous sommes confrontés à des circonstances défavorables que nous ne pouvons pas surmonter, nous nous tournons vers une source de protection fiable, à la recherche d'un refuge face à l'adversité. Lorsqu'une pluie torrentielle s'abat, nous nous abritons sous un toit, quand le froid s'accentue, nous augmentons le chauffage. Voilà comment nous remédions à des problèmes ponctuels. Au cours de l'enfance, le giron d'une mère est l'ultime refuge. L'amour maternel est si puissant que nous pouvons sans hésiter, devant une situation effrayante à l'âge adulte, pousser un cri du cœur : «Mère !»

Dans le même esprit, la plupart des religions mondiales ont créé cette forme de soutien fondé sur la foi. Les fidèles des religions monothéistes trouvent un refuge suprême auprès de leur dieu créateur. Pour prendre un ultime refuge, les bouddhistes se tournent vers trois objets fondamentaux connus comme les « Trois Joyaux ».

Le refuge bouddhiste

La prise du refuge est motivée par le besoin de protection face à une situation malencontreuse. Dans le cadre de l'éveil, il est question des émotions négatives qui sont perçues comme des fauteurs de trouble. Nous voulons nous en protéger. Une prise de refuge ponctuelle est insuffisante pour se défaire des ennemis de la conscience.

Pour le bouddhisme, le refuge pour ceux qui veulent se libérer des émotions négatives se fonde sur trois principes : le Bouddha qui enseigne la voie de la libération, ses enseignements qui sont la source profonde de la protection, et la communauté de ceux qui suivent les enseignements et qui soutiennent le pratiquant pour mener à bien cette résolution intérieure. Ils sont appelés « Trois Joyaux » car ils sont des objets précieux qui libèrent des maux du cycle de l'existence.

Développer la confiance en d'authentiques sources de refuge

Une personne dans la démarche de la prise de refuge dans les Trois Joyaux doit être persuadée de l'existence de l'omniscience de la bouddhéité. La vie du Bouddha

Shakyamuni en Inde, il y a plus de 2500 ans, est pleine d'émerveillements, mais il n'est pas si facile de se persuader qu'il ait atteint la perfection du corps et de l'esprit. Raconter une histoire est insuffisant. Mettre en évidence la possibilité de se libérer du cycle des naissances est donc indispensable, et pour cela, il faut définir les moyens pour y parvenir. Le pratiquant doit se fier à la méditation profonde sur la connaissance non conceptuelle, et aux états de conscience libérés des problèmes que cette sagesse apporte.

Convaincu par les voies et les états qui font de la libération une réalité, vous comprenez qu'il est possible de prendre refuge dans le Bouddha, le Dharma (ses enseignements) et le Sangha (la communauté spirituelle). Laissez-moi vous expliquer comment développer une telle conviction.

Comme je l'ai affirmé depuis le début de ce livre, l'appréhension de l'absence du soi et la perception de la vacuité de l'existence inhérente font cesser nos malheurs. Nāgārjuna, dans *Le Traité de la voie médiane*, dit :

> Quand les émotions aliénantes et les actes négatifs cessent, la libération arrive
> Les émotions et les actes négatifs sont les produits de conceptions fallacieuses
> Qui naissent d'une pensée conceptuelle erronée
> Pensée qui cesse avec la vacuité.

La perception erronée de l'existence intrinsèque pousse à une réflexion erronée qui, à son tour, produit des émotions négatives de désir, de haine, etc. De la force de ces émotions destructives naissent les actes (karmas) souillés dont les empreintes dans le continuum de la conscience influencent les renaissances réitérées dans le cycle de la souffrance. La mise en œuvre de la pratique de la vacuité met un terme à la multiplication des appréhensions confuses et dénaturées de soi, des autres et des objets. La sagesse détruit les émotions négatives pour nous libérer du cycle de l'existence, c'est la disparition finale de nos problèmes.

L'ignorance est la source de la misère. Elle nous emprisonne dans la tourmente des émotions négatives et dans les ennuis. Aryadeva, disciple de Nāgārjuna, formule cela ainsi :

> Comme les sensations qui s'insinuent dans le corps,
> L'ignorance niche dans les émotions négatives.
> Pour cette raison, les émotions aliénantes sont vaincues
> Quand l'ignorance l'est.

Comme cela a été précisé, « ignorance » ne porte pas seulement sur une méconnaissance de la véritable nature des phénomènes, mais sur une notion erronée relative à l'aspect indépendant et intrinsèque des personnes et des objets. La prise de conscience que les phénomènes sont interdépendants d'autres phénomènes nous libère de cette ignorance. Aryadeva poursuit :

> Avec la compréhension de la production conditionnée,
> L'ignorance imaginatrice ne se perpétue plus.
> Pour cette raison, de toutes mes forces
> Je m'appliquerai à l'expliquer.

« L'ignorance imaginatrice » confond dépendance et indépendance. L'antidote consiste donc à voir clairement la relation qui est désignée sous le terme de production conditionnée ou origines interdépendantes.

Quand Nāgārjuna dit que la conception erronée et féconde de l'inhérente existence s'arrête avec la vacuité, qu'est-ce que la vacuité ? Il répond qu'elle signifie production conditionnée :

> Nous expliquons que la production conditionnée
> Est vacuité.
> Ce qui signifie avoir des origines interdépendantes.
> Ce qui veut dire qu'elle est la voie médiane.

La vraie nature des choses est ainsi déterminée, elles sont vides ou naissent conditionnées. Nāgārjuna poursuit :

> Parce qu'il n'y a aucun phénomène
> Qui ne soit pas d'origines interdépendantes
> Il n'y a pas de phénomènes
> Qui ne soient pas vides d'inhérente existence.

Toutes les choses sont donc à l'origine conditionnées, et en suivant les incidences de ce principe, nous en concluons que les phénomènes sont vides d'existence inhérente. Partant du fait que les phénomènes sont interdépendants, on aboutit à la conclusion que les phénomènes n'ont pas de nature autonome. Cette réalité s'imposera au mental si cette idée est ressassée régulièrement.

Le raisonnement analytique aide à établir que l'apparence de complète indépendance des phénomènes est erronée. Les cinq sens corporels surestiment leur statut en donnant aux personnes et aux objets un caractère autonome. Puisque l'expérience prouve que les choses reposent sur le principe d'interdépendance, vous pouvez décider que les phénomènes ne sont pas autonomes, en ayant au moins une vague idée de la vacuité de l'existence inhérente.

Voilà comment la contemplation méditative révèle la vacuité de l'existence inhérente. Un psychologue avisé me raconta qu'il considérait, après observation, que quatre-vingts à quatre-vingt-dix pour cent de la force de l'émotion créée par un objet sous l'emprise du désir ou de la haine est démesurée. Sans avoir étudié les assertions de Nāgārjuna, par l'analyse, il a abouti à cette conclusion. Un examen objectif permet donc de comprendre que l'hypothèse erronée, qui pose le principe d'une nature indépendante et autonome des phénomènes, est à l'origine du désir et de la haine.

Lorsqu'une émotion négative vous envahit, vérifiez si la personne ou la chose qui motive désir ou haine existe vraiment telle que vous la voyez. Quand vous arriverez à percevoir dans l'apparence le motif de cette réaction exagérée, l'émotion destructive née de cette conception erronée s'affaiblira comme si elle était anéantie.

Ne pas s'interroger sur les apparences, mais les accepter telles quelles, en considérant que l'objet ou l'individu est agréable ou détestable, motive un profond désir pour lui ou une répulsion intense. À ces moments-là, le jugement est catégorique : « Il est affreux ! » « Elle est vraiment atroce ! » « Il est génial ! » « Elle est étonnante ! » Mais, dès l'instant où vous réalisez que ce ressenti extrême, positif ou négatif, inhérent à la personne, n'existe en définitive pas, l'émotion surgie sur une exagération régresse. Dès que l'erreur commise est reconnue, elle s'élimine.

Laissez-moi vous raconter une histoire. Ling Rinpoché fut l'aîné de mes tuteurs. Quand nous étions encore au

Tibet, avant l'invasion chinoise, il désirait une table en laque. Il demanda à un de ses domestiques d'aller en chercher une chez un artisan chinois de Lhassa. Lorsqu'il arriva à la boutique, l'artisan était assis, gémissant, le regard fixé sur une tasse à thé ancienne brisée dans la main. Il expliqua que la colère l'avait envahi et qu'il avait jeté l'antiquité violemment sur le sol. Soit il avait perçu la tasse comme cent pour cent horrible et l'avait brisée, soit il avait eu un client cent pour cent désagréable dans sa boutique ; et il avait brisé la tasse pour se soulager de sa colère. Son courroux retombé, il appréciait de nouveau les qualités remarquables de l'antiquité qu'il tenait, cassée, dans sa main, en soupirant. Son mauvais point de vue s'était dissipé.

Dans des situations comparables, vous pouvez voir avec lucidité que la haine ou le désir est en corrélation avec des qualités apparentes – un aspect positif ou négatif – comme si elles étaient objectivement et réellement inhérentes à un objet ou une personne. Néanmoins, cela ne signifie pas que ce qui est positif ou négatif, comme ce qui est bénéfique ou nuisible, n'existe pas, bien au contraire. Mais ces qualités ne sont pas indépendantes dans le sens où elles apparaissent dans un esprit plein de haine ou de désir.

L'analyse réalisée sous cet angle montre que les émotions négatives reposent sur une conception erronée, sur l'ignorance de la véritable nature des choses. Aryadeva dit :

> Comme les sensations s'insinuent dans le corps,
> L'ignorance niche dans les émotions négatives.

Savoir que le désir et la haine sont de mauvais états d'esprit, c'est comprendre qu'ils résultent d'une incompréhension selon laquelle les phénomènes existent indépendamment, de manière autonome, alors que ce principe est erroné et n'a aucun fondement valable. La sagesse qui permet de percevoir que chaque chose est interdépendante en résultera. En méditant sur cette idée de plus en plus profondément, la prise de conscience se renforcera naturellement et vous deviendrez de moins en moins réactif aux pulsions de haine ou de désir.

Ce processus montre comment, avec l'analyse, le comportement se modifie progressivement, et, éventuellement, le mental se transforme. Grâce à ce cheminement, la confiance se développe envers ce qui peut vous protéger réellement, envers ce qui est vraiment un foyer pour se réfugier. La sensation ou l'inspiration de la capacité à l'éveil se renforce. Car les qualités ancrées dans le mental évoluent en permanence, à l'inverse des caractéristiques physiques limitées dans leur épanouissement par des contraintes corporelles. Les aptitudes mentales inspirées de la connaissance juste se développent pour atteindre un état illimité de la conscience.

Quatre sources authentiques

Pour l'ordre Sakya du bouddhisme tibétain, les paroles de Bouddha recueillies dans les *écritures sacrées justes* ont inspiré des *commentaires justes*. Puis, avec le temps, les pratiquants, qui ont percé complètement le sens des paroles de Bouddha et de ses commentaires, sont devenus des *gourous qualifiés*, qui utilisent à leur tour ces textes dans leur enseignement. En se référant à leurs explications, les élèves acquièrent une *pratique juste*.

Ces quatre sources authentiques sont apparues dans cet ordre précis. Pour en avoir la certitude, il faut d'abord avoir une *pratique juste,* pour pouvoir concevoir que cette pratique bénéfique provient des enseignements d'un *gourou qualifié* pour lequel nous éprouvons une totale confiance. Les préceptes du gourou assimilés, prenons l'exemple du *Traité de la voie médiane* de Nāgārjuna, où le texte se révèle comme un *commentaire juste.* Puisque le traité s'inspire des enseignements de Bouddha, la confiance s'installe dans les *écritures sacrées justes*.

Pour moi, il y a deux sortes de pratiques justes. Les élèves d'un niveau spirituel élevé se sont déjà engagés, par exemple, dans la motivation altruiste de devenir éveillés, au point où leur volonté d'atteindre la bouddhéité pour aider les autres est sincère, sans aucune contrainte. Ils ont aussi compris la vacuité sur la base d'un raisonnement irréfutable, ou selon une perception directe. Leur pratique méditative est si profonde qu'ils ont atteint la clairvoyance et font des miracles. Nous ne sommes pas à ce niveau spirituel et ne possédons pas ces aptitudes. Au niveau inférieur, l'enthousiasme pour la pratique de l'amour et de la compassion conforte effectivement notre façon de penser dans les moments où le renoncement se manifeste ou lorsque la fierté s'impose. Parvenir à un tel niveau peut être incroyablement bénéfique.

Ainsi, bien que la véritable prise de conscience de l'idée de vacuité ne soit pas achevée, là aussi, la réflexion sur la production conditionnée et la vacuité apporte un peu de perspicacité, ce qui n'est pas vain dans la vie quotidienne. Cette démarche est aussi viable, pour se convaincre de la réalité de la causalité karmique. Face à une difficulté de la vie, pensez qu'il s'agit du résultat d'actes commis précédemment et qu'il faut l'affronter. Mais le découragement peut vous gagner avec le désespoir de ne pas savoir surmonter la difficulté. Quant à la réflexion sur la souffrance, qui résulte des émotions aliénantes, dès que vous êtes sous l'emprise de l'ignorance, il n'y a pas de solution pour vaincre définitivement de tels problèmes. Que les difficultés soient internes ou externes, pensez que « la nature de la vie dans le cycle des renaissances est ainsi », les actes les plus négatifs, comme le suicide, seront au moins écartés.

Une fois que votre niveau de pratique de l'altruisme est véritablement efficace, nous pouvons avoir une bonne idée de l'incroyable bénéfice de chercher à le développer au point où il se manifeste naturellement. De façon similaire, dès que la perception, même faible, de la production conditionnée et de la vacuité est devenue un soutien indispensable, nous pouvons entrevoir l'énorme potentiel qui existe au niveau supérieur.

À ce faible niveau de *pratique juste*, nous pouvons reconnaître l'existence de *gourous qualifiés* qui nous aident à comprendre qu'il y a des *commentaires justes* aux enseignements du Bouddha qui sont les *écrits sacrés justes*. À partir de ces quatre sources authentiques, nous prenons confiance en la bouddhéité, comme l'état qui renferme l'expression de la profonde et immense perfection du mental et du corps.

À mon avis, c'est un cheminement raisonnable pour chercher à discerner les éléments authentiques du refuge : Bouddha, son enseignement et la communauté spirituelle. Grâce à la réflexion sur la vérité de la production conditionnée et sur la vacuité, la perception de l'existence d'un état mental purifié s'affirme, et ainsi permet d'entrevoir les prises de conscience spirituelles qui proviennent de ce mental pur (la prise de conscience de la doctrine). Cela permet de distinguer ceux qui ont atteint des niveaux où ils s'engagent à réaliser cette pureté (la communauté spirituelle), ou encore ceux qui ont parachevé dans la perfection leur développement (bouddhas). Quand cela est assimilé mentalement, vous comprenez que la prise de refuge dans le Bouddha, sa doctrine et la communauté spirituelle s'impose.

La compassion d'un bouddha

Pourquoi apprécions-nous tellement le Bouddha Shakyamuni ? Alors que sa grande compassion sans bornes s'étendait à un nombre inimaginable d'êtres vivants, aimant chacun comme une mère le fait avec ses propres enfants chéris, il émit alors le vœu illimité d'aider les êtres à vaincre l'ensemble des obstacles pour atteindre le bonheur. Et il travailla pour le seul bénéfice des autres pendant une période incommensurable. Au sommet de sa pratique, il atteignit une pleine prise de conscience et se purifia des souillures pour atteindre l'éveil. Il le fit seulement par considération pour les autres dans le dessein de les guider à atteindre le même état. Voilà pourquoi il convient de prendre refuge en lui.

Le maître bouddhiste et logicien indien du VIe siècle, Dignaga, dit :

> Hommage à celui qui est digne de foi
> Qui a pris pour tâche de se consacrer au bien-être des vivants
> Maître, le Bienheureux, le Protecteur.

Bouddha fait autorité car, en dehors du désir d'aider les autres, il a parachevé sa pratique de la compassion. Avoir seulement un comportement altruiste étant insuffisant, il s'est consacré à la sagesse qui réalise l'absence du soi, accomplissant les pratiques pour surmonter les obstacles et obtenant ainsi une pleine prise de conscience. Puis il devint un protecteur authentique et incomparable pour les autres.

Nāgārjuna présente la compassion comme une qualité primordiale, et Candrakirti, dans le préambule de son *Introduction à la voie médiane*, dit :

> La compassion est comparable
> À la semence qui donnera une riche moisson, l'eau qui la nourrit,
> Et la maturation d'une grande jouissance.
> Pour cela, depuis le début, je loue la compassion.

Ainsi, les grands maîtres considèrent le développement illimité de la compassion du Bouddha Shakyamuni comme la raison suprême qui justifie qu'il soit tant estimé.

La prise du refuge

Selon le Grand Véhicule, la prise du refuge se pratique ainsi :

> Prenez votre situation personnelle comme un exemple, puis méditez sur le fait que l'ensemble des êtres vivants dans l'univers désirent le bonheur et rejettent la souffrance, bien qu'ils soient sous l'influence de la souffrance. Puis dans la recherche du plein éveil

> d'un bouddha omniscient avec la perspective de les aider, vous prenez refuge dans les Trois Joyaux.

Le déroulement du processus sera plus facile si vous méditez et répétez les mots qui suivent :

> Dans le Bouddha, dans la doctrine, dans la communauté suprême
> Je prends refuge jusqu'à l'éveil
> Grâce au mérite du don et ainsi de suite, que j'applique
> Puis-je atteindre la bouddhéité pour aider les êtres qui errent.

Le pronom « je » est répété trois fois. Quand vous réciterez cette stance, arrêtez-vous sur la nature du « je ». Le « je » qui serait une entité indépendante de l'ensemble corps-esprit n'existe pas. Et au-delà, si vous y réfléchissez posément, l'hypothèse d'un « moi », dissocié du mental et du corps, comporte maintes contradictions. La logique prouve qu'il n'y a pas un tel « moi ». Quoi qu'il en soit, si nous nous fions au mental, un « moi » semble habiter l'ensemble corps-esprit, une sorte de superviseur comme un chef de rayon au milieu de ses vendeurs, mais il n'en est rien. Néanmoins, pour conclure brièvement, un examen attentif du « moi » montre qu'il est introuvable, alors qu'il existe sans conteste quand nous considérons le soi par rapport à autrui. D'où il résulte que le soi ou le « moi » sont simplement fondés comme une entité en relation avec le corps et l'esprit. La réflexion sur la nature du « moi » par la récitation des quelques lignes de la stance ci-dessus fera naître des dispositions mentales indispensables en termes de motivation compassionnelle et de sagesse de l'absence du soi.

Les actes du corps, de la parole et de l'esprit seront vertueux, neutres ou non vertueux en fonction de leur intention. Pour cela, au début de chaque enseignement sur la foi bouddhiste, les lamas et les élèves récitent les quatre lignes du mantra de la prise du refuge dans les Trois Joyaux qui renforce le vœu d'altruisme. Pour éviter un mauvais chemin, nous prenons refuge. Et pour s'écarter de la voie de l'égoïsme, nous recherchons nos motivations dans l'intention altruiste d'atteindre l'éveil. Plus un lama enseigne la doctrine avec un état d'esprit positif, plus il accumulera du mérite et les bénéfices qui en résultent. Les étudiants qui écoutent les enseignements avec une disposition mentale positive sont pénétrés par les paroles qu'ils entendent, et avec la mise en œuvre des enseignements spirituels, ils deviennent vertueux. Voilà pourquoi, les lamas et leurs élèves doivent activement chercher refuge.

Les trois pratiques

Dans *La Précieuse Guirlande des avis au roi*, Nāgārjuna expose les trois pratiques qu'un disciple de Bouddha doit étudier :

> Si vous et le monde souhaitez atteindre
> Un incomparable éveil
> Sa source est l'intention altruiste de l'éveil
> Ferme comme le roi des pics montagneux
> La compassion atteint la société entière
> Et la sagesse ne repose plus sur la dualité.

Prendre refuge en Bouddha exige une pratique de la compassion, la sagesse menant à la perception de la vacuité, et l'intention altruiste de devenir éveillé. Je les respecte au mieux qu'il m'est possible. Et au cours de ma vie, je me suis aperçu qu'elles ont été très bénéfiques, que mon bonheur s'est accru. S'il n'y a pas d'autre renaissance, je n'ai aucun regret. Car ces pratiques sont d'une aide satisfaisante dans cette vie. S'il y a une autre existence après celle-ci, je suis persuadé que les efforts faits pour pratiquer l'altruisme et le principe de vacuité induiront des effets favorables. Je n'ai pas encore la maîtrise complète de mon cheminement dans le cycle des existences, mais avec ces pratiques, je serai rassuré au moment de mourir de pouvoir guider ma renaissance à venir.

La compassion et la perception de la vacuité seront, pour vous aussi, d'une grande aide, elles vous rendront plus heureux. Certains bouddhistes, pendant leur méditation, se concentrent sur des dieux de la richesse afin de s'enrichir, des dieux de la médecine pour se protéger des maladies, des dieux de longévité pour atteindre un grand âge, et des dieux farouches pour acquérir de la force, mais rien ne vaut l'altruisme comme ressource infaillible pour que ces souhaits s'exaucent. L'altruisme apaise le mental. L'esprit en paix, vous vivrez plus longtemps, en pleine santé physique, les maladies et les affections mentales diminuent, et les amis se pressent autour de vous, sans qu'il soit besoin de recourir à la ruse ou à la contrainte.

Altruisme généré par l'amour et la compassion est la grande voie pour profiter de ces bienfaits. C'est la magnificence du bouddhisme. Imaginer s'entourer des dieux de longévité, de la richesse et de la médecine et réciter un mantra un milliard de fois ne permettent pas l'accomplissement de quoi que ce soit si les émotions aliénantes persistent.

Au Tibet, la population accorde une confiance immodérée à des centaines de dieux locaux. Parfois, je taquine certains Tibétains. Ils négligent la statue du Bouddha Shakyamuni souvent placée dans une chapelle au centre du temple, et se dirigent vers des salles obscures, dans un espace reculé, sur un côté ou en haut d'un escalier, qui abritent des déités protectrices locales à la bouche monstrueuse plantée de crocs, devant lesquelles ils frissonnent de peur. Lorsque l'on entre dans ces salles, on a le souffle coupé. Cette vénération pour les dieux locaux est un aveuglement. La foi doit être placée en Bouddha, il est le maître du refuge, l'ultime protecteur.

Les personnes qui suivent avec rigueur les enseignements du Bouddha Shakyamuni, qui ont atteint un stade minimal de prise de conscience et ont progressé dans la voie de la cessation de la souffrance appartiennent à la communauté spirituelle. Quant à celles qui, en plus, pratiquent l'altruisme à un degré où elles chérissent les autres plus qu'elles-mêmes, elles sont encore plus extraordinaires. Les personnes n'ayant pas atteint ces niveaux spirituels, mais qui pratiquent avec détermination, sont aussi des sources de refuge.

Les sources de refuge s'évaluent en fonction de la capacité d'analyse rationnelle et de l'objectivité. Le maître indien Shamkarapati dit :

> J'accepte comme maître
> Ceux dont la parole est dotée de raison.

L'enseignement, pour être une source valide de refuge, doit être soumis à un examen rationnel et être particulièrement bénéfique. Un célèbre scientifique chilien m'a confié qu'un chercheur ne doit pas être l'esclave de la science et je crois, en ce qui concerne le bouddhisme, que l'on ne doit pas, non plus, être trop attaché à la doctrine. Il faut plutôt valoriser les enseignements et le maître qui sait évaluer leur validité. Dans ce cas, l'approche scientifique et l'approche bouddhiste sont comparables.

En définitive, la doctrine révélée est le vrai refuge, le Bouddha est le maître du refuge et la communauté spirituelle est formée de ceux qui vous offrent leur soutien pour atteindre ce refuge. Avec la résolution de prendre refuge dans les Trois Joyaux, vous devez refouler le moindre acte nuisible à l'encontre des êtres vivants par la parole ou la pensée. Et saisir qu'ils ont tous sans exception des droits, même s'ils ne sont pas humains.

Représentations

Les représentations du Bouddha doivent être vénérées, qu'elles soient fabriquées en matières précieuses ou ordinaires, travaillées avec délicatesse ou grossièrement. Dans le *Soutra du Lotus*, il est précisé que les non-bouddhistes, en se trouvant face à une représentation du Bouddha, vivent une expérience prodigieuse. L'émotion les envahit. Le dévouement résolu du Bouddha, au plus profond de son cœur, pour le bien-être des autres, et la pratique de la voie spirituelle de la grande compassion depuis des éons et des éons génèrent un état d'esprit si puissant qu'il se dégage de ses représentations. Pour cette raison, ces représentations ne doivent pas être considérées comme des objets de décoration mais doivent être vénérées.

Réflexion méditative

Réfléchissez à ces points de vue :

1. Se méprendre sur la nature des êtres et des choses comme étant inhérente génère encore plus de pensées erronées.
2. Les pensées erronées engendrent des émotions destructives comme le désir, la haine, l'inimitié, la jalousie, la belligérance et la paresse.
3. Ces émotions négatives induisent des actes (karmas) qui ont été souillés par ces mêmes émotions.
4. Ces actes laissent une empreinte dans le mental et conditionnent la souffrance au cours du cycle des renaissances.
5. Par conséquent, l'ignorance est la source du cycle des naissances. L'ignorance ne porte pas seulement sur la méconnaissance de la véritable nature des phénomènes, mais sur la notion erronée concernant l'aspect indépendant et intrinsèque des personnes et des objets, perçus comme des entités autonomes et indépendantes.
6. L'ignorance est déracinée avec la prise de conscience que les phénomènes sont des entités étroitement liées et interdépendantes.
7. Si les phénomènes existent vraiment tels qu'ils appa-

raissent, avec une nature autonome, alors qu'en définitive, le lien de dépendance à d'autres facteurs est improbable. Seule l'expérience peut montrer que l'interdépendance est la vraie nature des choses.

8. Grâce à ce cheminement, vous comprenez que la perception du mental est erronée, parce qu'elle attribue un statut exagéré aux personnes et aux choses. Elles n'ont pas cette essence.

9. Quand on comprend que l'attribution abusive d'un caractère vertueux ou nuisible à une personne déclenche en nous un sentiment de haine ou de désir envers elle, l'émotion induite par cette exagération disparaît. Vous prenez conscience de l'erreur commise et vous l'annihilez.

10. Le positif et le négatif, le favorable et le défavorable existent, mais ils n'ont pas cette apparence de réalité que semble leur donner un esprit empli de désir ou de haine.

11. Une fois que le désir et la haine sont perçus comme des erreurs et que leur origine – la conception erronée que les phénomènes ont une nature autonome – se révèle aussi incorrecte, vous comprenez que la sagesse qui réalise l'interdépendance et la vacuité repose sur une connaissance juste.

12. Plus vous cultivez cette perspicacité, plus elle se renforce, car elle est juste. Vous prenez conscience que l'éveil est possible.

13. Vous vérifiez au quotidien que la réflexion sur la vacuité et l'interdépendance apporte une perspicacité d'une grande aide, car elle a la capacité de se transformer en un discernement irréfutable de la vacuité, et, parfois, en une perception directe de celle-ci. Avec un faible niveau de *pratique juste,* vous pouvez apprécier s'il y a des *gourous qualifiés* sachant offrir des *commentaires justes* des ensei-

gnements de Bouddha, les *écritures sacrées justes*. Ces quatre sources justes apportent une confiance dans la pratique de la bouddhéité, profonde et épanouie, aussi parfaite mentalement que physiquement.

14. Grâce à la réflexion sur la réalité de la production conditionnée et de la vacuité, vous devenez lucide sur votre aptitude à empêcher l'apparition de la moindre pensée destructrice, grâce à des prises de conscience spirituelles en conformité avec l'enseignement bouddhiste. Ceux qui, dans leur continuum de conscience, ont déjà pratiqué ces cessations et les voies forment la communauté spirituelle. Et ceux qui ont atteint la perfection dans ce processus de développement de la conscience sont reconnus comme bouddhas. Dès que cela est clair dans votre esprit, la résolution de prendre refuge dans Bouddha, la doctrine et la communauté spirituelle s'impose avec raison.

15. Pensez à votre situation personnelle et méditez sur le fait que les êtres vivants dans l'espace veulent être heureux et refusent de souffrir, bien qu'ils soient nés sous l'emprise de la souffrance. À la recherche du plein éveil d'un Bouddha omniscient dans la perspective de venir en aide aux autres, vous prenez refuge dans les Trois Joyaux. La doctrine révélée est le vrai refuge, le Bouddha est le maître du refuge et la communauté spirituelle est formée de ceux qui vous offrent leur soutien pour atteindre ce refuge.

11

Le karma

«Comme les ombres des oiseaux volant dans le ciel
Qui s'attachent à leur course
Les êtres vivants sont flanqués
Du mal et du bien qu'ils ont faits.»

Bouddha.

La religion bouddhiste est à la fois mondaine et transcendante. La perception de la vacuité de l'inhérente existence est transcendantale, et celle des actes (karmas) et leurs résultats appartiennent au monde. Observer le monde pour découvrir que les effets résultent toujours de leurs causes propres et ne sont jamais indépendants, est une étape majeure pour compléter la vision transcendantale de la vacuité de l'inhérente existence. Le Bouddha pénétré de cette révélation enseigna : «Tout ce qui résulte de causes n'est pas produit intrinsèquement.»

Les phénomènes éphémères naissent en relation avec des causes, ils n'ont pas une nature autonome. En relation avec des éléments extérieurs à eux-mêmes, ils sont par essence vides d'une existence inhérente. Bien que la vision mondaine et pertinente de l'interdépendance des choses soit le niveau de compréhension le plus grossier, il constitue le début d'une prise de conscience de la dimension transcendantale d'un aspect subtil de l'interdépendance, qui renferme le sens d'une vacuité de l'inhérente existence.

Ce chapitre est consacré au karma. Il s'intéresse à la vision mondaine et juste des effets aux origines conditionnées.

UN KARMA SANS LIMITES

Les plaisirs petits ou grands résultent d'actes vertueux. Les douleurs fortes ou faibles découlent d'actions non vertueuses. Sous cet angle, le karma est sans équivoque : les actions positives à long terme apportent des joies, et les mauvaises entraînent des souffrances. Nāgārjuna dans *La Précieuse Guirlande des avis au roi* dit :

> Des actes non vertueux proviennent les souffrances
> Comme les mauvaises transmigrations.
> Des actes vertueux résultent les joyeuses transmigrations
> Et les plaisirs octroyés au cours des vies.

De cette façon, le karma est infaillible. Mais les effets d'un acte précis peuvent s'amplifier. Dans le monde extérieur, une simple graine va donner un arbre majestueux. Pour les phénomènes de la conscience, un tel renchérissement n'est pas exclu. Un acte bénin peut engendrer des effets inouïs. Médire contre une personne sous le coup de la colère peut provoquer des conséquences dans les vies ultérieures. Bouddha dit :

> Ne pensez pas que le plus insignifiant
> Des actes non vertueux commis ne vous imprégnera pas.
> Comme ce grand vase est rempli
> Des gouttes d'eau qui tombent,
> Ainsi, l'inconscient accumule
> Les actes négatifs en peu de temps.
>
> Ne pensez pas que la pratique de la vertu
> La plus bénigne ne laissera aucune trace.
> Comme un grand pot est rempli
> Des gouttes d'eau qui tombent
> Ainsi, l'être résolu accumule
> Les actes vertueux en peu de temps.

En réalité, nous ne prêtons pas assez d'attention aux actes anodins, vertueux ou non. Aucun acte n'est jamais bénin, soyez attentif au moindre d'entre eux. Bouddha dit :

> Ne pas déprécier la force de l'acte négatif le plus infime
> En pensant qu'il ne sera pas nuisible.
> Par l'accumulation des gouttes d'eau
> Un grand vase se remplit peu à peu.

Cela signifie que nous devons prendre en compte le moindre acte vertueux ou non vertueux même si son impact semble infime. Aucun acte n'étant clairement insignifiant, prenez garde au moindre d'entre eux. Ainsi Bouddha dit :

> Ne pas déprécier l'acte le moins négatif,
> Penser qu'il n'aura pas d'effet nuisible.
> Par l'accumulation des gouttes d'eau
> Un grand vase se remplit peu à peu.

Les actes ayant une grande intensité, la source des réalisations spirituelles repose sur l'élimination des dix actes négatifs ou noirs, et dans l'accomplissement de leur contraire, les dix actes vertueux ou blancs. Bouddha dit :

> La pratique des dix actes vertueux est la source de la naissance sous un statut d'homme ou de dieu, la source de l'accomplissement des efforts vertueux des élèves comme des êtres réalisés, la source de l'éveil du soi réalisé, la source des actes des bodhisattvas et la source des qualités des bouddhas.

Types d'actes

Le sens littéral du terme «karma» est acte. Dans ce contexte précis, il se réfère aux actes que motive une intention particulière. Les actes basés sur une résolution personnelle ont des formes multiples, allant d'expressions du corps, de la parole à celles du mental. Néanmoins, les plus importants sont définis dans les dix actes vertueux et les dix actes non vertueux. Comme je l'ai précisé auparavant, les trois actes négatifs du corps sont tuer, voler, avoir un comportement sexuel déréglé ; les quatre actes négatifs de la parole sont mentir, calomnier, proférer des paroles blessantes et se complaire dans le bavardage inutile ; et les trois actes négatifs de l'esprit sont la convoitise, la malveillance et les vues erronées. Revoyons-les en détail.

Parmi les trois actes corporels non vertueux, tuer est plus grave que voler, qui, à son tour, laisse une empreinte plus intense qu'un comportement sexuel déréglé. Parmi les quatre actes négatifs de la parole, mentir est plus grave que calomnier, qui, à son tour, laisse une empreinte plus intense que la profération de paroles blessantes, bien plus défavorable que le bavardage. Quant aux trois actes négatifs de l'esprit, les vues erronées sont plus graves que la malveillance, qui laisse une empreinte plus intense que la convoitise. Un ordre similaire classe aussi l'influence positive des dix actes vertueux contraires, depuis l'abstention de tuer, et ainsi de suite.

D'autres éléments interviennent sur la tonalité des actes négatifs ou vertueux :

— l'intention qui y préside,

— l'accoutumance sur une longue période de temps,

— si l'acte est nuisible ou bénéfique à des individus ou à des groupes de gens offrant une contribution à la société,

— la motivation qui a donné lieu à ces actes au cours de la vie.

L'empreinte laissée par l'acte dépend de la manière dont il a été accompli. Tuer est un acte plus prégnant, s'il est commis avec un sentiment de délectation, il encourage les autres à le perpétrer, s'il est commis avec préméditation, s'il est réitéré, s'il est réalisé sous la torture, si la victime est l'objet d'actes indignes, ou si la victime est indigente, souffrante, pauvre ou tremblante de frayeur.

Différents résultats du karma

Les conséquences des actes commis appartiennent à plusieurs catégories. Le meurtrier renaîtra sous une forme misérable comme un être des enfers, un fantôme famélique ou un animal. Ce résultat obtenu après maturation de l'acte commis porte le nom de *fruit*, car il affecte la nouvelle renaissance jusqu'à sa fin. Puis, cette existence défavorable achevée, l'être prend forme humaine en renaissant. Par exemple, de l'acte de tuer peut résulter une vie brève ou sujette aux maladies. C'est un *résultat conforme à la cause*. Le même karma peut avoir un *résultat conforme au pouvoir qui conditionne la personnalité*, l'envie de tuer par exemple, qui va pousser cet enfant à s'adonner avec plaisir à écraser des insectes. Ou encore, avoir un *résultat conforme au pouvoir qui conditionne l'environnement* dans lequel s'effectue la renaissance, par exemple, en mettant à portée des nourritures, des boissons et des remèdes médicinaux de médiocre qualité sans aucune efficacité, ou parfois, occasionnant des maladies.

Par analogie, le karma favorable ou blanc, tel que l'abstention de tuer acquise après l'identification de ses fautes, a aussi un *résultat de maturation* qui consiste à renaître, grâce à une heureuse transmigration, dans une enveloppe humaine et comme un dieu. Le *résultat conforme à la cause* peut apporter une longévité de la vie. Le *résultat conforme au pouvoir* peut conditionner le dégoût de tuer pour les vies ultérieures, ou sur l'*environnement*, la vie dans un endroit agréable.

Les karmas, agrégats d'éléments qui donnent à une vie son statut particulier, sont soit vertueux, soit non vertueux. Une vie sous forme humaine est la maturation d'un acte moral, pourtant les résultats d'autres empreintes négatives du karma peuvent y engendrer la pauvreté, la maladie et la mort prématurée. Un karma négatif d'où résulte une renaissance animale peut lui aussi, sous l'influence d'empreintes karmiques vertueuses, permettre une longue existence paisible dans un foyer chaleureux où chats, chiens et animaux sont heureux.

Égalité des sexes

Abordons une question importante. Des textes bouddhistes décrivent une renaissance masculine comme un fruit karmique favorable. Ils reflètent certains points de vue de temps révolus. À notre époque, les hommes et les femmes sont considérés comme étant égaux. Ils ou elles ne sont pas différents et ont des perspectives d'avenir semblables. La renaissance féminine est également une maturation karmique favorable. Le Bouddha Shakyamuni, à l'aune de son temps, fit de légères distinctions entre hommes et femmes. Mais il émit l'idée que les vœux monastiques étaient destinés aux nonnes comme aux moines. Et dans ses tantras, textes d'enseignement à vocation pratique, le Bouddha considère la femme à l'égal de l'homme, et rend un hommage particulier à celle-ci.

Des textes bouddhistes attribuent des défauts au corps féminin dans le but de combattre le désir. Ils sont rédigés pour des pratiquants mâles, et cette démarche didactique doit aussi être appliquée au corps masculin. *La Précieuse Guirlande des conseils au roi* était destiné à un roi indien. Aussi, Nāgārjuna parle de substance souillée féminine, mais il rappelle à Sa Majesté qu'elle doit voir son propre corps sous un angle similaire.

J'ai discuté avec une personne qui blâmait Shantideva, car il met les femmes en position d'infériorité, si l'on se réfère à une liste des défauts du corps féminin que le maître a composée dans son guide pour les bodhisattvas *La Marche vers l'éveil*. Désappointée, cette personne s'est détournée de l'étude de ce texte. Shantideva s'adressait alors à une assemblée de moines, et voulait trouver un antidote à l'attrait de l'acte sexuel. Il présenta donc des caractéristiques physiques problématiques en relation avec un tel désir. Quand nous comprenons sa démarche intellectuelle, le message est clair : la femme est un objet potentiel du désir, mais, à l'inverse, cela s'applique aussi au corps masculin.

Ordination des nonnes

Les femmes et les hommes sont égaux. Il est donc important de réhabiliter, dans les pays qui l'ont interrompue, l'ordination complète des nonnes bouddhistes. Elle a perduré en Chine, au Vietnam et à Taïwan, et a disparu au

Tibet. Ces vingt dernières années, nous avons recherché les moyens de faire revivre cette tradition chez les Tibétains. Certains avancent que le Dalaï Lama doit décider en substance. Mais le processus de décision en matière de discipline monastique dépend des personnes chargées de la faire respecter. Ils doivent pouvoir y réfléchir et en discuter afin d'arriver à un consensus démocratique. C'est une tâche qui ne revient pas à une seule personne. Les Taïwanais, qui maintiennent la complète ordination des femmes, seraient d'un grand recours s'ils acceptaient lors d'un congrès bouddhiste de se charger de cette question, de diriger les débats, faire des analyses et présenter des conclusions. Cet apport serait, au-delà du Tibet, bénéfique aux communautés bouddhistes de Thaïlande, Myanmar et Sri Lanka, où les vœux de la pleine ordination semblent ne jamais avoir existé dans cette lignée de transmission ininterrompue. Leur introduction ou leur réintroduction est sujet à controverse. Cette décision est aussi d'actualité en Occident, où de nombreuses femmes ont pris des vœux simples et veulent être pleinement ordonnées. Les Taïwanais ont une responsabilité importante à assumer en posant le problème au cours d'un futur congrès des congrégations monastiques de l'ensemble des courants bouddhistes.

La contribution des Tibétains à l'actuelle situation des nonnes concerne l'éducation philosophique. Les nonnes ont instauré un programme d'études de la philosophie tibétaine depuis plus de vingt ans, et nous allons mettre en place un examen pour accéder au niveau de Geshé, l'équivalent d'un doctorat universitaire.

La classification des résultats karmiques

> « Les actes karmiques dont vous êtes responsables ne s'effaceront pas.
> Vertus et non-vertus donneront lieu, en conséquence, à des résultats. »
>
> Shantideva.

Comment et quand les empreintes karmiques produisent-elles leurs résultats ? Le karma dont la tonalité est la plus forte vient à maturation en premier. Quand les tonalités sont égales, les imprégnations karmiques qui se présentent lors du décès mûrissent d'abord. Une raison importante pour que le mourant soit calme lors de son agonie. Les amis qui l'entourent doivent à ce moment-là éviter pleurs et lamentations, afin de ne pas susciter d'attachement, et retenir ainsi celui qui meurt alors qu'il est temps pour lui de quitter cette vie.

Après le karma à la tonalité la plus forte et ceux qui ont une tonalité égale, viennent ensuite à maturation les forces omniprésentes conditionnantes du karma (ou formations karmiques) qui conditionnent notre vie présente. Parmi les formations karmiques de force égale, celles qui sont formées en premier arrivent d'abord à maturation.

Dès que les empreintes karmiques entament leur maturation, les actes négatifs commencent à mûrir immédiatement dans cette vie, surtout s'ils ont été accomplis dans les conditions qui suivent :

— avec un attachement exagéré au corps physique, aux biens et à la vie,

— avec malveillance envers autrui,

— avec aversion pour les personnes qui vous ont aidé, négligeant en retour la moindre bonté envers eux,

— avec un grand ressentiment contre les sources du refuge, contre Bouddha, les enseignements, la communauté spirituelle et les gourous.

Les actes vertueux suivent un processus comparable, leur maturation commence dès cette vie s'ils ont été accomplis :

— en s'abstenant de s'attacher exclusivement au corps physique, aux biens et à la vie,

— avec une profonde compassion et bienveillance,

— avec le profond souhait d'offrir en retour l'aide qu'on vous a offerte,

— avec foi et confiance.

Autrement, les effets karmiques ne seront éprouvés qu'au cours de la renaissance qui suit ou dans d'autres vies.

Vaincre les effets du karma

À moins que le potentiel de l'acte commis, positif ou négatif, soit neutralisé, vous en subirez les effets. Le temps n'a aucune importance. Même s'il faut des éons, la capacité du karma à produire ses fruits ne disparaîtra pas. À ce sujet, Bouddha dit :

> Que ce soit dans cent éons d'ici,
> Un karma ne disparaît jamais.
> Quand les circonstances et l'heure arrivent,

Les êtres en ressentent les effets.
Si vous êtes l'auteur d'actes négatifs passés,
Ou que vous en commettez,
Vous n'échapperez pas à la souffrance,
Essayer de s'enfuir est vain.
Où que vous soyez, il n'y a aucun endroit
Où ce karma ne pourra pas se réaliser,
Ni le ciel ni les profondeurs océanes,
Ni au cœur des montagnes.

Vous serez confronté aux conséquences de vos agissements physiques, mentaux ou verbaux. Mais vous ne subirez rien des effets karmiques, favorables ou défavorables, des actes que vous n'avez pas commis. Néanmoins, la force d'un acte vertueux de générer un effet favorable peut être remise en cause par une violente colère. Il faut savoir gérer son exaspération, pour éviter de voir réduire à néant les effets positifs de vos actions. Heureusement, les actes non vertueux peuvent être purifiés ou neutralisés. Diminuer les effets de ses actions négatives est donc possible. Voilà une méthode pour agir.

Vous avez commis un acte négatif, un vol par exemple. Grâce à la conjonction de quatre pratiques ou forces de purification, vous pouvez neutraliser la force de ce karma à produire un résultat défavorable, comme une renaissance dans la misère.

La première pratique est le remords sincère pour l'acte accompli, en se confessant aux proches, ou encore auprès d'une personne en particulier, le gourou. Ou encore, imaginez que vous vous confiez au Bouddha ou à une assemblée de bodhisattvas. C'est la résolution de ne pas garder intérieurement ce qui a été fait.

La deuxième pratique est l'engagement dans des actions positives avec le dessein de contrebalancer l'impact de l'acte négatif. Participer à des œuvres de charité ou d'autres activités vertueuses, jusqu'au moment où les effets de cet acte sont annihilés. Nombreux sont les actes de bienfaisance : financer des installations scolaires ou des équipements hospitaliers, lire des textes sur la sagesse ou avoir de la compassion pour les autres. Cultiver l'amour et la compassion permet de purifier efficacement les empreintes karmiques.

La troisième pratique est la résolution de ne plus recommencer dans le futur, de vous maîtriser pour ne plus commettre cet acte, même si votre vie est en question.

La quatrième pratique cherche à établir les bases du refuge et de l'intention altruiste de devenir éveillé. Comme une personne qui chute doit se relever, les mauvaises actions en lien avec les Trois Joyaux sont purifiées avec la prise de refuge, et les actes négatifs liés aux êtres vivants sont neutralisés en générant un sentiment altruiste envers les êtres qui vivent.

Personne n'échappe aux conséquences du karma sans la conjonction des quatre forces. Avec leur aide, les résultats des actes néfastes sont surmontés complètement, ou se transforment en douleurs bénignes comme un petit mal de tête, au lieu d'une souffrance insupportable. La période où sévit leur effet négatif peut aussi être écourtée. La force de l'impact résulte seulement de la manière dont les quatre forces sont cultivées.

Réflexion méditative

En considérant que :

1. Les plaisirs, petits ou grands, résultent d'actes vertueux. Les souffrances bénignes ou violentes découlent d'actes négatifs.
2. Fussent-ils anodins, les actes ont d'énormes effets.
3. Les trois actes négatifs du corps sont tuer, voler, avoir un comportement sexuel déréglé; les quatre actes négatifs de la parole sont mentir, calomnier, proférer des paroles blessantes et se complaire dans le bavardage inutile; et les trois actes négatifs de l'esprit sont la convoitise, la malveillance et les vues erronées.
4. Parmi les trois actes corporels non vertueux tuer est plus grave que voler, qui, à son tour, laisse une empreinte plus intense qu'un comportement sexuel déréglé. Parmi, les quatre actes négatifs de la parole, mentir est plus grave que calomnier, qui, à son tour, laisse une empreinte plus intense que la profération de paroles blessantes, bien plus défavorables que le bavardage. Quant aux trois actes négatifs de l'esprit, les vues erronées sont plus graves que la malveillance, qui laisse une empreinte plus intense que la convoitise. Un ordre similaire classe aussi l'influence positive des dix actes vertueux contraires, depuis l'abstention de tuer, et ainsi de suite.
5. D'autres facteurs interviennent sur la tonalité des actes vertueux ou non vertueux : l'intensité de la motivation, l'accoutumance, si l'acte est nuisible ou bénéfique à

des individus ou à un groupe de gens, et la volonté d'agir vertueusement au cours de la vie.

6. La tonalité des actes dépend de la manière dont ils ont été déterminés.

7. Les résultats des actes ont quatre aspects : le fruit ou maturation, qui affecte une nouvelle renaissance jusqu'à sa fin, le résultat conforme à la cause par la compréhension, le résultat conforme au pouvoir qui conditionne la personnalité, le résultat conforme au pouvoir qui conditionne l'environnement externe.

8. Une heureuse transmigration sous forme humaine est le résultat d'une maturation d'un karma vertueux. Une mauvaise transmigration sous forme animale, un fantôme famélique ou un être des enfers est le fruit d'un karma négatif. Attendu que les karmas, agrégats d'éléments qui donnent à la vie son statut particulier, sont soit vertueux, soit non vertueux.

9. Le karma à la tonalité la plus intense vient à maturation en premier, puis les empreintes karmiques élaborées au moment de la mort, et ensuite les forces omniprésentes conditionnantes du karma, suivies des formations les plus récentes.

10. Les empreintes karmiques négatives entament leur maturation dès cette vie, surtout si les actes ont été accomplis avec un attachement exagéré au corps physique, aux biens et à la vie ; avec malveillance envers autrui ; avec aversion pour les personnes qui vous ont aidé, négligeant en retour la moindre bonté envers eux ; avec un grand ressentiment contre les sources du refuge, contre Bouddha, les enseignements et la communauté spirituelle. Les actes vertueux suivent un processus comparable et mûrissent

dès cette vie, s'ils ont été accomplis, en s'abstenant de s'attacher trop au corps, aux biens et à la vie ; avec une profonde compassion et bienveillance ; avec le profond souhait d'offrir en retour l'aide qu'on vous a offerte ; avec foi et confiance. Autrement, les effets karmiques ne seront éprouvés qu'au cours de la prochaine vie ou encore plus tard.

11. La force d'actes vertueux est affaiblie par la colère.

12. Le résultat d'un karma non vertueux peut s'accomplir, à moins qu'il soit contrecarré par les quatre forces : le remords sincère pour l'acte accompli, l'engagement dans des actions vertueuses avec le dessein de neutraliser l'impact de l'acte négatif, la résolution de ne plus recommencer dans le futur, et établir les fondements du refuge et de l'intention altruiste de devenir éveillé.

L'impact

En résumé, réfléchissez à maintes reprises sur :

— l'impermanence,
— la certitude de la mort et son imminence,
— l'avantage de vos futures vies,
— et le pouvoir du karma.

En insistant particulièrement sur le présent, la prise de conscience évoluera sur du long terme. Ces attitudes mentales conforteront votre point de vue, vous avez accompli la formation du premier niveau de la pratique et êtes prêts à accéder au prochain niveau.

Dans les chapitres qui suivent, nous approfondirons le sens donné à la libération de tous les aspects du cycle de l'existence.

NIVEAU INTERMÉDIAIRE
DE LA PRATIQUE

12

Voir le problème et y remédier

> «Moi, l'enseignant, je vous montre la voie
> Pour annihiler la souffrance du cycle de l'existence.
> Vous devez la suivre.»
>
> Bouddha.

Vous avez la possibilité d'atteindre une prochaine vie favorable dans le cycle de l'existence par une analyse des effets de vos actes et en surmontant les karmas non vertueux. Mais cet objectif, fût-il le premier niveau de la pratique, n'est qu'une étape qui mène à la pleine motivation bouddhiste. Une fois les causes et les effets du karma compris, il faut savoir comment s'échapper des différents stades du cycle des renaissances. La pratique pour se détourner des dix actes négatifs présentée au premier niveau avait pour objectif d'accomplir une vie favorable dans le cycle de l'existence. Cela n'entre pas en contradiction avec les enseignements du niveau intermédiaire, car un haut statut de l'être dans le cycle de l'existence possède une nature de souffrance. Une souffrance dont il faut se défaire. Renaître sous une forme favorable est indispensable pour atteindre la libération. Si elle n'est pas atteinte dans cette vie, une forme appropriée de renaissance est indispensable pour atteindre vos buts personnels et d'autres.

La méthode convenant aux pratiquants de capacité intermédiaire développe la volonté de se libérer de tous les stades du cycle de l'existence. Elle est le seuil que l'on franchit pour aller vers le niveau de motivation ultime qui est la volonté d'être éveillé dans le but d'aider les autres à progresser. La pratique inspirée de la volonté de se libérer complètement du cycle de l'existence ouvre la voie vers l'accomplissement d'un profond sens de l'altruisme. Je vais l'aborder dans ce chapitre et le suivant.

Reconnaître la libération

Le statut qui permet d'atteindre la pleine réalisation du cycle de l'existence est merveilleux. Sous l'influence des émotions destructives et du karma, vous pouvez encore trébucher et perdre cette nature fantastique. Le voir comme l'ultime objet de l'illumination est illusoire et conduit à la déception.

Alors que renferme l'idée de la libération ? Des courants philosophiques indiens nient toute possibilité de se libérer du cycle de la naissance, de la vieillesse et de la mort, mais d'autres l'acceptent. Parmi les plus récents, certains affirment que la libération est un paradis, mais les bouddhistes se réfèrent à l'idée que la libération est un trait mental, un état spirituel pour libérer de l'emprise des émotions douloureuses et des karmas (actes) qui les motivent. Je vous demande de la patience pendant que je vais vous expliquer cela avec précision.

Les êtres vivants sont pris dans un processus dans lequel l'esprit et le corps sont sous l'influence d'émotions aliénantes et d'un karma négatif qui conditionne leur vie sous la forme de dieux, démiurges, humains, animaux, fantômes faméliques et êtres résidant dans les enfers. Ces états temporaires résultent du karma. La seule solution est de mettre un terme aux émotions aliénantes. Ainsi, les empreintes karmiques accumulées dans la conscience depuis le nombre incalculable de vies dans le cycle de l'existence ne seront plus actives, et ne se manifesteront plus dans une nouvelle vie de souffrance. Alors, les karmas qui imprègnent le continuum de la conscience perdent leur potentiel de nuisance. Voilà pourquoi la libération est un état de conscience où l'on cesse d'être sous l'influence des émotions aliénantes et du karma. Pour être plus concret, analysons les quatre nobles vérités au cœur des enseignements du Bouddha.

Le cœur de l'enseignement

> «Accepter sa maladie,
> C'est percevoir l'élimination de ses racines.
> Recouvrer la santé à l'aide de remèdes,
> Ainsi, discerner la souffrance,
> Éliminer ses causes,
> Atteindre sa cessation,
> Et se fier à la voie.»
>
> Maitreya, *Sublime Continuum du Grand Véhicule.*

Le Bouddha a atteint l'éveil à Varanasi en Inde. Plusieurs semaines après, il prononça son premier enseignement dont le sujet est les quatre nobles vérités, sa méthode pour reconnaître les états d'esprit erronés et produire des antidotes. Les quatre vérités reposent sur la perception d'une interdépendance fondée sur la pratique de l'altruisme.

Une compréhension rigoureuse des quatre vérités est nécessaire. En bref :

— Les phénomènes qui résultent des émotions aliénantes et du karma mènent à la souffrance ; voilà la première vérité.

— Les émotions aliénantes et les actes (karmas) qu'elles motivent sont les vraies origines de la souffrance ; voilà la deuxième vérité.

— Mettre un terme aux émotions aliénantes, l'origine de la souffrance, est la libération ; la cessation est la troisième vérité.

— Les voies ou les moyens de vaincre et neutraliser les émotions aliénantes forment la véritable voie ; voilà la quatrième vérité.

Les quatre vérités se révèlent selon cet ordre : les origines de la souffrance (deuxième vérité) se manifestent d'abord, puisqu'elles déterminent l'apparition de la souffrance (première vérité). De même, la voie spirituelle (quatrième vérité) permet d'accomplir la cessation de la souffrance, et d'éliminer ses origines (troisième vérité), puisque la pratique de la voie conduit finalement à la vraie liberté. Néanmoins, Bouddha modifia cet enchaînement au moment où il enseigna les quatre nobles vérités : il commença d'abord par la souffrance (effet), pour parler ensuite de leurs origines (causes). Autrement dit, il parla d'abord de la cessation de la souffrance, et puis des voies qui sont les moyens d'atteindre cette cessation.

Il fit cela dans le but de présenter les points essentiels de la pratique. Pour commencer, la *souffrance* dans son envergure mérite un examen approfondi, et en particulier, la douleur des forces omniprésentes condionnantes dont nous avons parlé plus tôt (p. 58). Dès que vous avez réalisé la portée de la souffrance, vous recherchez ses *origines* en identifiant les trois poisons passionnels que sont le désir [attachement], la colère [haine] et l'ignorance [étroitesse d'esprit]. L'ignorance, dans ce cas, est la croyance en une existence intrinsèque, source des émotions conflictuelles. Ces poisons sont transcendés à l'aide d'antidotes quand ils en ont. Si vous percevez qu'il s'agit non seulement d'un antidote, mais aussi d'un facteur mental positif qui peut être cultivé sans restriction, vous développez alors un vœu puissant de s'attaquer à la *cessation* de la souffrance et de ses origines. Avec ce discernement, pratiquez la *voie* de la moralité, la méditation profonde, la sagesse ; et, plus particulièrement, l'union entre l'absorption méditative et la révélation subite de l'absence du soi. À cause de la nature de ce processus, Bouddha conçut ainsi l'ordre de succession des quatre vérités.

Pour arriver au plein épanouissement de la compassion, il est indispensable d'identifier la sphère de la souffrance. Sans l'expression d'une motivation sincère d'échapper aux griffes des forces omniprésentes conditionnantes dont le travail est pernicieux, l'état de pleine compassion demeurera hors de portée. En chacun de nous, germe la compassion dès que des proches sont dans la peine. En revanche, nous admirons, ou même nous envions d'autres individus dont la situation enviable masque la souffrance du changement, loin de vouloir qu'ils s'en libèrent. Parce que nous n'avons pas une prise de conscience de la sphère de la souffrance, notre compassion est restreinte. Pour la développer, et surtout atteindre la grande compassion, il faut d'abord identifier la souffrance des forces omniprésentes conditionnant notre vie.

Les émotions négatives sont conflictuelles, désagréables, pénibles et perturbatrices. Ne pas agir à l'encontre de ces forces laisse perdurer l'apparition de la souffrance. Il faut donc de puissants antidotes pour les détruire. À leur disparition, la véritable cessation de la souffrance est accomplie, l'antidote puissant est la véritable voie.

Quand vous vivez sous l'influence externe des émotions aliénantes, vous perdez votre indépendance, pris au piège dans le cycle de l'existence. La conquête de ces ennemis nuisibles ouvre à l'indépendance, la libération. Pour s'orienter vers la libération, il faut connaître les déficiences du cycle de l'existence. Puis, de tout cœur, vous rechercherez à vaincre les émotions aliénantes, ainsi vous atteindrez la libération.

Au XVIe siècle, le premier Panchen Lama Lozang Tchökyi Gyaltsen disait :

> En ce qui concerne la manière de répondre aux anomalies du cycle de l'existence, il y a plusieurs méthodes : les animaux qui ont peur de la douleur corporelle veulent s'en libérer, et les non-bouddhistes se détournent des plaisirs qui peuvent se transformer en douleur. Néanmoins, cette entité corps-esprit, dont la nature est d'être sous l'emprise des émotions aliénantes et du karma, est considérée comme la

condition de base qui induit toutes les formes de souffrance dans le futur, et pour cela, elle doit être transcendée.

La disposition essentielle à prendre pour développer une intention de quitter le cycle de l'existence consiste à s'écarter des émotions négatives qui maintiennent le mental et le corps sous le joug d'un processus incontrôlable. Dès que cette intention devient la motivation principale, vous devenez un pratiquant de capacité moyenne.

De nombreux systèmes religieux indiens exigent une grande dévotion au gourou et beaucoup d'adeptes consacrent leur vie entière à la pratique spirituelle. Ils sont impressionnants. Attentifs à l'impermanence de la vie, ils mettent tous leurs efforts dans leur dévotion religieuse. Seul le bouddhisme appréhende le soi comme erroné, et au-delà pose l'idée de l'absence du soi. Quand vous comprenez que la conception du soi est fallacieuse et que les émotions négatives sont induites par cette idée fausse, vous êtes alors sur le seuil de la véritable pratique bouddhiste. Voilà pourquoi les quatre vérités sont si cruciales.

La vérité de la souffrance

Puisque, à juste titre, nous désirons le bonheur et refusons la souffrance, nous nous soucions évidemment du plaisir et de la douleur. C'est la raison qui poussa Bouddha à déterminer, en premier, la souffrance telle qu'elle est véritablement.

À son époque, des religions indiennes non bouddhistes se préoccupaient principalement des douleurs corporelles et mentales apparentes. Ils ont probablement identifié que l'abus de certains plaisirs finit en souffrance, comme, par exemple, avoir une indigestion de mets alléchants. Néanmoins, il est extrêmement difficile de déterminer la souffrance cachée des forces omniprésentes conditionnantes. Une souffrance qui repose sur l'idée d'une entité corps et esprit n'opère pas de manière autonome, mais reste sous l'emprise des karmas (des rémanences du karma passé qui conditionnent nos actes présents et futurs), eux-mêmes sous l'influence des émotions destructives comme le désir et la haine.

Analysez cela. Nous convoitons ce qui est agréable, formes, sons, odeurs, goûts et touchers. Et la colère éclate dès que ce désir est contrarié par une personne qui s'interpose ou par des circonstances qui s'y opposent. Des écrits non bouddhistes enseignent qu'un tel désir est fautif et proposent des méthodes pour combattre ces attitudes négatives. Mais ils ne décrivent jamais les inconvénients qu'il y a de se méprendre sur un soi et d'autres phénomènes, perçus comme étant instaurés indépendamment selon leur propre nature. Ainsi, ils n'expliquent pas les nuances les plus insaisissables du désir et de la haine qui émanent de cette subtile erreur conceptuelle. Quant à Bouddha, il enseigna que la souffrance des forces omniprésentes conditionnantes est, à l'origine, générée par une mauvaise appréhension de l'inhérente existence de ce corps et mental comme les autres, prisonniers du cercle de la souffrance même si aucune douleur physique ou mentale ne se manifeste.

Avant Bouddha, certaines personnes avaient cerné la

souffrance. Mais sans en reconnaître les causes subtiles conditionnantes, il est utopique de vouloir discerner l'étendue de la souffrance dans le cycle de l'existence. Dans le *Grand Traité de la progression vers l'éveil,* le maître yogi tibétain Tsongkhapa dit :

> Enveloppés dans l'obscurité de l'ignorance, les apprentis bouddhas se trompent en pensant que les phénomènes merveilleux du cycle de l'existence apportent du bonheur, alors qu'ils génèrent la souffrance. Et ainsi, ils finissent désabusés. En conséquence, Bouddha parle de différentes formes de souffrance, en disant : « En réalité, ils n'apportent pas le bonheur, mais la souffrance. »

La conception erronée sur la véritable nature des personnes (y compris les animaux), et aussi une perception erronée de ce qui est impur ou pur, de considérer la douleur pour du plaisir, ou de voir dans l'impermanence du permanent, nous plongent dans le trouble vis-à-vis de nous-mêmes. Par conséquent, il faut discerner la sphère de la souffrance. Bouddha désigne cela comme étant « la noble vérité de la souffrance » parce que cela correspond à la réalité de notre condition, telle qu'elle apparaît à ceux qui perçoivent le réel comme il est vraiment. Par exemple, les êtres ordinaires regardent les plaisirs comme bénéfiques sans y réfléchir plus, tandis que, du côté de ceux qui ne sont pas dupes, les plaisirs même ordinaires appartiennent au cycle de la souffrance, car ils sont soumis au changement.

La souffrance de la naissance

L'existence cyclique a plusieurs imperfections. Considérons d'abord la souffrance de la naissance. Les désagréments sont variés et grands. Ils commencent dans le ventre de la mère, pendant la gestation, puis viennent les douleurs de l'accouchement ressenties par la mère et l'enfant. À peine né, pendu par les pieds, on vous frappe sur les fesses pour aider vos poumons à se désengorger. La vie, hors du corps maternel, débute finalement par des tourments.

Sur le territoire de la province de l'Amdo, au nord-est du Tibet, où j'ai vu le jour, une coutume locale consiste à faire boire au nouveau-né une potion à base de racine de réglisse. Ma sœur aînée m'a raconté que j'en ai bu beaucoup. Cela indiquait vraisemblablement que j'avais souffert de la faim durant la grossesse. Au-delà de cela, existent des souffrances pernicieuses qui tiennent au simple fait que le corps, dans lequel nous sommes né, est déjà associé aux imprégnations karmiques. Résultant du karma et des émotions aliénantes, le corps est naturellement en désaccord avec l'accomplissement de la vertu.

Pour la médecine tibétaine, les énergies vitales du corps sont les trois humeurs (vent, bile, lymphe). La maladie se manifeste quand elles ne sont plus en harmonie, ce qui arrive souvent. Les trois humeurs deviennent alors les « trois problèmes ». Le corps à la naissance porte les causes physiologiques de la maladie, de la vieillesse.

Notre naissance qui résulte des émotions aliénantes et du karma signifie que nous sommes déjà programmés pour ces mêmes émotions aliénantes, des automatismes qui vont générer le désir pour ce qui nous séduit, la haine pour ce que nous n'apprécions pas et l'indécision pour le reste. De la naissance à la mort, nous subissons des situations calamiteuses. Si un moyen existe pour éliminer l'ensemble de ces problèmes, sans hésiter nous devons nous y intéresser.

La souffrance de la vieillesse

> «Il est préférable que la vieillesse arrive petit à petit.
> Si elle s'abattait d'un coup, ce serait insupportable.»
>
> Le yogi tibétain Gamapa.

Le corps si délicat se dégrade avec l'âge. Les forces diminuent. Les sens déclinent. Les joies deviennent fades. Et puis, la fin de la vie arrive. Bouddha dit :

> La vieillesse vole vigueur, capacité et force
> Jusqu'à ce que toute initiative s'envole.

La souffrance de la maladie

> «Comme les humains qui pourchassent les animaux sauvages
> Des centaines de maux et de douleurs de maladies endémiques nous affectent.»
>
> Bouddha.

La peau sèche et la chair se dégradent avec la maladie. Les équilibres physiologiques sont perturbés, et les douleurs physiques devancent les douleurs psychiques. Vous ne pouvez rien faire. Reste à subir des traitements fastidieux et douloureux. La vitalité s'affaiblit. Bouddha dit :

> Dans l'implacable hiver, blizzards et bourrasques de neige
> Altèrent la vitalité des pousses d'herbe, des arbrisseaux, des arbres et des plantes.
> Comparables, les maladies détruisent les forces des êtres vivants,
> Dégradant leurs facultés, leur apparence physique et leur potentiel.

Puis, vous devenez anxieux face à une maladie incurable.

La souffrance de la mort

Au moment de la mort, la souffrance vient des superbes objets et des excellents amis dont on se sépare. Elle amène aussi de nombreux désagréments. Bouddha dit :

> Avec la mort et le passage à une autre existence,
> Vous vous séparez à jamais des belles personnes chéries.
> Feuille qui se détache de son arbre emportée par les flots,
> C'est un départ sans retour et une séparation définitive.

Ouvrir les yeux du cycle de l'existence

Parmi les souffrances principales de la naissance, la vieillesse, la maladie et la mort, se trouve la peur d'être uni à ce que l'on n'aime pas, d'en être séparé, ou encore, de ne pas savoir vraiment ce que l'on veut. Au cours de la vie, nous sommes confrontés à des circonstances difficiles, l'une après l'autre, jour après jour. Les émotions négatives surgissent par contrecoup, plus particulièrement : le désir, la haine et la confusion qui deviennent des automatismes pour le futur. Nous les affrontons tous :

— l'inconstance des amis et des ennemis, qui passent d'une catégorie à l'autre en une vie, ou au cours d'innombrables existences. Tsongkhapa dit :

> En méditant sur cela, l'attachement né de l'aversion qui est créée par la ségrégation que l'on fait entre amis et ennemis devrait cesser.

— l'insatisfaction, les plaisirs obtenus demeurent insuffisants pour nous contenter, nous restons insatiables. De là provient une douleur latente et consciente de rechercher sans cesse encore plus de bien-être. Tsongkhapa dit :

> Vous vous abandonnez aux plaisirs, à la recherche de la satisfaction. Mais, avec ces plaisirs éphémères qui vous contentent peut-être, elle ne viendra pas. Avec le temps qui s'écoule, une soif d'un désir insatiable augmente. Et pour finir, vous errez pour des lustres et des lustres dans le cycle de l'existence.

— le problème de l'abandon de son corps, vie après vie. Nāgārjuna dit :

> Chacun a laissé derrière lui un amas d'os
> Cela ne cache pas la montagne la plus haute.

— le problème des renaissances multiples. Nāgārjuna dit :

> Avoir été le plus grand roi de l'univers
> N'empêche pas de renaître en esclave dans le cycle de l'existence.

— le problème d'une situation qui se dégrade, encore et toujours, en une seule vie ou plus. Bouddha dit :

> Après l'accumulation vient la diminution
> Après la grandeur, la chute
> Après le rassemblement, la dispersion
> Après la vie, la mort.

— le problème de ne pas avoir les mêmes compagnons sur les différents parcours de vies. Shantideva dit :

> Vous êtes né seul.
> Vous mourrez en solitaire.

En bref, le problème de base vient de l'entité corps-mental que nous avons. Cette entité est à la fois le réceptacle des douleurs présentes inhérentes à la vieillesse, la maladie, la mort; et aussi, le creuset de nos futures souffrances à cause de certains automatismes face à des situations douloureuses.

La réflexion sur la naissance et la nature du corps et du mental provoque un profond bouleversement intérieur qui incite à rechercher de l'aide en pensant : « Que je puisse au moins me libérer d'une vie sous l'emprise des émotions aliénantes et du karma ! » Sans analyser la souffrance, la connaissance de soi est limitée. Et votre sentiment de compassion ne s'épanouira pas pleinement. Tsongkhapa dit :

> Si vous n'arrivez pas à avoir de la répulsion à l'encontre du cycle de l'existence – dont l'essence est l'entité corps-esprit sous la domination des émotions aliénantes et du karma – une véritable intention de vous libérer est improbable et le développement de la grande compassion, pour les êtres qui errent dans le cycle de l'existence, est impossible. Voilà pourquoi une réflexion approfondie sur votre situation est cruciale.

Un humain dans sa vie subit toutes les formes de souffrances. Vasubandhu dit :

> Il est clair que les humains subissent
> Les souffrances propres aux formes misérables de vie.
> Dans les tourments de la souffrance, les humains ressemblent aux êtres des enfers.
> Dépossédés, nous avons l'air de fantômes faméliques.
> Les hommes souffrent à l'instar des animaux.
> Car le plus puissant use de sa force
> Pour blesser le plus faible.
> Ces souffrances sont comme les flots d'une rivière.
> Certains souffrent de la pauvreté ;
> D'autres d'insatisfaction ;
> Les élans de nostalgie sont insupportables ;
> Tous se querellent et peuvent passer au meurtre.

Une vie humaine est sûrement souhaitable pour poursuivre la pratique, une vie précieuse, mais pourtant parsemée de terribles difficultés. Alors, imaginez la souffrance des autres formes d'êtres vivants !

La vérité sur les origines de la souffrance

Pour se débarrasser de la souffrance, il faut annihiler ses causes. Voilà la raison qui poussa Bouddha à enseigner, en second, la vérité sur l'origine de la douleur. Tant que les causes et conditions ne sont pas éliminées, la souffrance qu'ils engendrent ne peut être vaincue.

Quelles sont les causes de la souffrance ? Si souffrir résultait d'une cause intangible, il n'y aurait aucune solution pour la détruire. Car une cause permanente, immuable ne saurait avoir la capacité de changer. Par chance, la souffrance a des origines conditionnées. Elle est le résultat de causes et de conditions impermanentes. Les causes qui évoluent selon le processus du changement, la souffrance qui en découle, finalement, s'altèrent aussi. Bouddha s'appuie sur ce principe pour affirmer que, si les causes mutent, leurs effets aussi.

Dans la vie mondaine, les maux liés à la maladie, l'âge, la mort et aux différentes sortes de pertes auxquelles nous sommes confrontés sont sans remède lorsqu'ils adviennent. Ils naissent de leurs causes et conditions respectives. Cependant, les rechercher pour mieux lutter contre elles permet d'en éliminer certaines, afin d'améliorer notre bien-être physique, d'éviter des maladies, avoir une longue vie, davantage de ressources matérielles et de compagnons.

L'éducation est la clé de ce processus de prise de conscience. Dans le monde entier, l'acquisition du savoir n'est généralement pas élaborée dans une perspective de vies futures, mais pour diminuer la souffrance et favoriser les plaisirs immédiats. Quand les pratiquants progressent, ils adhèrent de plus en plus aux voies qui ouvrent la capacité d'éliminer vraiment les maux de cette existence et y trouvent du contentement.

Pour diminuer sa souffrance et intensifier sa joie, nous apprenons à moduler notre façon de penser. L'aspiration au changement précède toujours la mise en œuvre de nos décisions, qui amènent ensuite une évolution : le souhait d'agir précède l'action. Des réactions insignifiantes, comme se gratter ou cligner de l'œil face au danger, sont instinctives, mais les actions aux répercussions plus graves réclament une réflexion mûrie : « J'aurais dû faire comme ça. » Ces actes relèvent d'une motivation ou d'une volonté, c'est le cas lorsque nous agissons physiquement ou que nous nous exprimons.

Plaisir ou douleur dépendent de nos actions qui résultent de la pensée. La motivation insuffle les actes. Par exemple, lors d'un face-à-face pénible, la détestation ou la haine affleure en général en premier, et vous pensez : « Il me cherche. Je ne le laisserai pas faire. » Mais comment affronter cet individu, quelle doit être ma stratégie ? Après avoir réfléchi à différentes solutions, s'élabore une intention ou une décision, et puis vous agissez. Le processus se déroule en deux étapes : la motivation qui précède l'action. Rien ne diffère dans le cas du désir. Une forte attirance pour un objet ou une personne se manifeste et, motivé par ce sentiment, vous recherchez le meilleur moyen pour l'obtenir, puis vous entrez en action. Voilà notre mode de fonctionnement, la manière dont nous agissons. Pour la seconde noble vérité, Bouddha montre qu'une déficience dans la perception du soi est à l'origine des émotions perturbatrices, dont le désir et la haine. Émotions qui motivent, à leur tour, des actes négatifs, qui ont pour conséquence la souffrance. Tout cela est du ressort de la causalité.

Les émotions aliénantes

Quelle est l'origine de la souffrance que nous ressentons dans le cycle de la naissance, de la vieillesse et de la mort ? Les actes souillés. Qu'est-ce qui génère les souillures ? Les émotions perturbatrices de désir et de haine. Quelle est leur source ? L'ignorance et, plus précisément, l'idée erronée de l'existence intrinsèque. Néanmoins, entre les deux origines de la souffrance, les actes souillés et les émotions aliénantes, les émotions sont plus prépondérantes, et, parmi elles, l'ignorance arrive en tête.

Tout état d'esprit qui perturbe le continuum de la conscience est une émotion aliénante. Générer une puissante compassion – ou d'autres dispositions mentales de nature comparable – n'affecte en rien le mental. Car elles sont motivées après de multiples réflexions, et subliment l'esprit. Au contraire, les émotions aliénantes se rattachent parfois à la raison dans quelques circonstances, mais elles n'en demeurent pas moins une source conflictuelle pour le mental. Elles sortent de la moindre possibilité de contrôle, hors du champ de l'intention ou de la réflexion. Elles vous bousculent et vous êtes mal à l'aise.

Le désir est une émotion destructrice qui se forme avec l'observation d'un phénomène externe agréable et attirant (un objet amusant ou à la mode, une maison, ou un ami), ou encore d'un phénomène intérieur relatif à l'activité sensorielle (l'apparence, la carnation ou l'odeur de notre corps). Cela conduit à l'attachement. L'appréhension des apparences agréables, internes ou externes, se produit dans un environnement mental fondé sur l'émotion et la discrimination. Il est difficile d'apprécier si un objet est agréable et attirant hors d'un tel contexte. Et pourtant, nous disons : «Cela *me* convient très bien», ou : «Cela *m*'attire.»

Agréable ou désagréable, ce constat est subjectif, car il est posé par une personne ou, plutôt, par une conscience déterminée. En vérité, la question qu'un objet ou une personne soit attirant ou repoussant, soit utile ou inutile reste posée. La pensée exagère les avantages d'une chose jugée désirable, à un point où le mental est complètement séduit, imprégné comme une goutte d'huile qui imbibe une étoffe. L'esprit semble être absorbé par l'objet convoité, en complète fusion avec lui, rendant complexe leur séparation.

Le psychologue mentionné auparavant avance que la haine ou le désir déforme notre perception, de quatre-vingts à quatre-vingt-dix pour cent. Le flot des pensées l'amplifie. Cette notion d'exagération se retrouve aussi dans les écrits bouddhistes, elle est appelée «la superposition de modes infondés de pensée conceptuelle» ou, plus simplement, des imaginations fantaisistes et folles.

Néanmoins, bon et mauvais sont des critères qui existent. Ce qui est utile est salutaire, et ce qui est nuisible est préjudiciable. «Bon» ou «mauvais» sont des appréciations délicates à porter, sauf en ce qui concerne le plaisir ou la douleur, mais nous devons posséder un minimum de sens critique. Il faut ouvrir les yeux sur la réalité du cycle de l'existence et aspirer à atteindre l'éveil. Le désir emprunte deux formes d'expression émotive : une aliénante et une non aliénante. Par exemple, lorsque l'on dit : « Nous devrions avoir quelques désirs et nous en contenter », ces désirs sont jugés comme positifs. Les autres expressions du désir fondées sur l'exagération sont négatives.

De la même manière, haïr est un état mental irrité fondé sur l'exagération (d'une personne, de sa propre douleur, ou encore de la gêne causée par une simple épine). Tout devient plus insupportable qu'il ne l'est en réalité. La haine se retourne contre sa cause et nous pousse à réagir négativement. Cependant, une profonde aversion à l'encontre des émotions aliénantes est bénéfique. Mais cela suppose un travail pour œuvrer contre elles, comme produire une intense compassion. Elle résulte d'une analyse des observations tangibles, et non d'une émotion aliénante non maîtrisée. Faire la distinction entre des états mentaux aliénants et non aliénants est capital.

L'ignorance à l'origine des autres émotions aliénantes

En somme, le désir et la haine sont fondés sur une exagération ignorante de la nature des choses, au-delà de leur réalité. Cette ignorance est à l'origine des autres émotions aliénantes. En considérant à tort que vous existez en personne, comme une entité complètement autonome, une distinction artificielle se fait entre le soi et les autres. Cette démarcation mentale encourage l'attachement à ce qui vous plaît et importe, et met un frein à l'empathie envers les autres. Une porte s'ouvre vers la fierté, à l'inflation sur nos qualités et attributs, vrais ou imaginaires, comme la richesse, l'éducation, l'apparence physique, l'origine ethnique et la célébrité.

La naissance d'une émotion aliénante annihile l'indépendance. Pendant cette période où elle interfère, l'esprit est perturbé. La capacité d'appréciation est restreinte. Un violent désir ou une haine intense bloque notre aptitude à analyser si un acte est opportun ou fâcheux. Des paroles extravagantes sont lancées, et nous devenons agressifs. Dès que l'émotion retombe, nous sommes embarrassés et cherchons à nous excuser. Cela montre notre incapacité, en cas de forte situation émotive, à trancher entre le bon et le mal, le correct et le déplacé. Le contrôle de nous-mêmes est perdu sous l'emprise de la haine et du désir.

Sous l'emprise de cet état d'irritation, vous créez un profond malaise chez les personnes à proximité. Face à un individu en colère, le spectateur éprouve un mal-être et les parents et amis sont accablés et perturbés. Le trouble redouble avec la manifestation d'actes hostiles mentaux ou physiques. Ainsi, les émotions aliénantes ruinent votre vie, anéantissent les membres de la famille, les proches, une communauté, la société. La plupart des expressions de la colère, si nombreuses sur notre planète, résultent de trois poisons qui sont le désir, la haine et l'ignorance. Tsongkhapa dit :

> Dès qu'une émotion aliénante surgit, elle affecte le mental entièrement, fausse le jugement sur les événements, et renforce un penchant latent qui facilitera à son tour la résurgence d'autres émotions perturbatrices. Elle est nuisible pour vous comme pour les autres, et induit de mauvaises actions au cours de cette vie ou des futures renaissances. Vous êtes confronté aux douleurs et angoisses, comme aux souffrances de renaître dans le cercle des renaissances, etc. Elle vous écarte du nirvana. L'être vertueux est ruiné et ses ressources altérées. En société, l'anxiété, la tristesse et le manque de confiance vous gagnent.

Être croyant ou athée, peu importe. Il faut absolument déterminer la nature exacte de ces forces destructrices. Le poison doit être tout simplement perçu comme un poison. Si vous manquez de lucidité, ces émotions éruptives pourraient être ressenties comme naturelles, au lieu d'être assimilées comme les signes d'un emprisonnement dans un comportement négatif. Elles sont nuisibles à tous, y compris vous.

Pris dans le piège de la perception erronée de la nature des gens et des phénomènes, les souffrances – allant des douleurs corporelles et psychiques à celles qui sont liées au changement, jusqu'aux forces omniprésentes condionnantes – se manifestent. Voilà le message attaché à la seconde noble vérité, la vérité sur l'origine de la souffrance.

La vérité sur la cessation de la souffrance

La troisième vérité invoque la cessation. Tsongkhapa dit :

> Après avoir compris que la suppression du concept du soi est envisageable, vous pouvez vous engager dans le processus de cessation de la souffrance, Bouddha enseigna ensuite la vérité sur la cessation.

Que signifie cessation ? Dès qu'un antidote est émis contre une cause particulière, elle cesse. Et les effets de cette cause ne se produisent plus. Le mot « cessation » ou « arrêt » indique que ce qui est arrêté ne l'est pas volontairement, mais réclame des efforts. Si vous n'agissez pas, la cause continuera sans relâche à produire ses effets. Il faut faire l'effort de concevoir des antidotes qui élimineront la cause et nous libèreront de ses potentiels effets. Le yogi tibétain Potowa dit :

> Au cours de cette longue période, où nous avons erré dans le cycle de l'existence, elle n'a pas cessé d'agir. Il faut en conclure qu'elle ne s'arrêtera pas par elle-même. Or, l'arrêter est une obligation, et aujourd'hui est le moment adéquat.

Avec vos efforts vous pouvez détruire les émotions négatives responsables de la souffrance, et mettre fin aux actes souillés qui en résultent. Si elles continuent à se manifester, la souffrance perdurera.

Comment juguler les émotions négatives ? Par l'utilisation d'une force contraire. La plupart – si ce n'est l'ensemble – des phénomènes mondains en ont une : le chaud est neutralisé par le froid. Les forces contraires provoquent un changement d'état. Mais, avant d'essayer de contrebalancer quelque chose, il est préférable de connaître la force à laquelle on s'attaque. Dans le jeu des énergies opposées, quand l'une monte en puissance, l'autre s'affaiblit. Le recours à un ventilateur ou à un climatiseur sert intentionnellement à faire diminuer la chaleur : le froid s'oppose ainsi au chaud.

Cette règle s'applique aussi aux attitudes mentales. Par exemple, le désir donne un sentiment de proximité avec un objet, alors que la colère l'éloigne. Dans la vie ordinaire, plaisirs et douleurs sont rattachés au corps. Le désir va agir en rassemblant les éléments susceptibles de faire durer ou de donner du plaisir au corps. À l'inverse, la colère rejette ce qui l'agresse. Le désir rassemble, alors que la colère divise et refoule.

Quelles difficultés posent le désir et la haine? L'accumulation des éléments favorables est un besoin, or la soif du désir est subjective car elle exagère les avantages d'un objet sans prendre en compte sa vraie nature. Les actes qui découlent de cet état de conscience perverti sont conflictuels. La haine se manifeste dans un contexte analogue. Alors que l'amour bienveillant n'est, quant à lui, pas fondé sur une pensée conceptuelle erronée. Il est issu d'une réflexion sur le sens et l'objectif, et est fondé sur une véritable sympathie pour autrui.

Les conditions négatives doivent être éliminées. Mais, quand les obstacles disparaissent sous les effets de la haine, d'autres problèmes spécifiques surgissent. La haine teintée de partialité cache la vraie nature de la situation. Cependant, par le biais de l'analyse des faits et d'un discernement de la réalité, l'amour bienveillant contribue à atteindre des conditions favorables sans générer des émotions aliénantes, et la sagesse peut détruire les conditions défavorables.

Le remède contre un phénomène externe négatif s'élabore par la recherche de son opposé dont la force sera ensuite amplifiée. Nous utilisons l'intrusion d'un phénomène mental contraire dont la puissance est ensuite intensifiée. L'opposition apparaît ici comme la confrontation entre deux états de conscience contraires. Ainsi, la bienveillance et la haine sont, respectivement, ce qui unit, et ce qui divise.

La méthode de la conscience des opposés ouvre la voie à la transformation. Face aux émotions aliénantes, causes de la souffrance, adoptez la méthode des états de conscience qui s'y opposent, cela est salutaire. Et plus vous pratiquez, plus ces états de conscience opposés se renforcent car ils sont logiques et authentiques. Les émotions conflictuelles – en dépit de leur force car nous y recourons souvent – s'estompent face à l'analyse.

Les émotions négatives reposent sur l'ignorance qui provoque une mauvaise perception de la nature de soi-même et des autres. Puisqu'une telle ignorance est erronée, les attitudes qu'elle engendre le sont aussi. Qu'importe la force des émotions aliénantes, elles sont mensongères. Car, percevoir à tort une souffrance comme un plaisir, ou encore voir une chose comme permanente alors qu'elle est impermanente montrent que ces points de vue sont faux, dans le sens où leur opposé, a contrario, est fondé sur une connaissance juste. Ces deux attitudes opposées s'excluent l'une l'autre : l'une d'entre elles s'appuie sur une connaissance juste, l'autre pas. Et l'une d'entre elles s'affaiblit avec le temps, alors que l'autre s'affirme de plus en plus avec la pratique de la méthode de la conscience des opposés.

Les causes de la souffrance cessent en fonction de la maîtrise du mental. Persuadé par cela, vous montrerez une grande détermination à savoir le maîtriser, afin de réaliser la cessation comme Bouddha le mentionne.

En somme, les causes du degré de souffrance le plus profond sont les émotions aliénantes, dont l'origine est l'ignorance de l'absence d'existence inhérente. Un antidote peut neutraliser avec efficacité cette ignorance. En général, l'application d'une contre-mesure puissante à un phénomène impermanent peut l'éliminer. Accepter simplement que le point de vue sur l'inhérente existence est fallacieuse aide à le corriger, ou même à l'éliminer.

L'éveil a le sens de purification ou d'épuration, et sous-entend donc l'émission d'un antidote afin de se libérer de la douleur. L'état où la conscience est purifiée des émotions conflictuelles s'appelle « cessation », c'est la troisième noble vérité. Quand vous comprenez que l'élimination de ce problème défavorable est possible, un désir de réaliser cet état se développe.

La vérité de la voie

Par quel moyen pouvons-nous abandonner les causes de la souffrance ? La prière et les souhaits ne suffisent pas. Des résultats même limités exigent des efforts. Sans application, la réalisation de la vérité de la voie est improbable. Quand vous avez faim, rester au lit et souhaiter un repas ne sert à rien, car après avoir acheté des aliments, il faudra les cuisiner. Nous devons faire de plus grands efforts, sans relâche, afin d'obtenir la libération de la souffrance. Dans cette perspective, il faut renforcer notre volonté de mettre en pratique les techniques mentales, les voies qui conduisent à la liberté.

La voie principale est la connaissance directe de l'absence du soi. Pour arriver à cela, l'antidote nécessaire est l'origine de la souffrance. Cela requiert un entraînement particulier à la sagesse ; et dans le but de pénétrer la nature ultime de la réalité, il faut pratiquer le recueillement méditatif en alternance avec l'exercice de la moralité. La voie pour se libérer est structurée en trois pratiques : la moralité, l'absorption méditative et la sagesse.

La moralité va limiter les actes nuisibles fondés sur l'autoprotection. Dès qu'elle agit, l'attitude morale stimule l'émergence d'une motivation intérieure. Puis, l'exercice d'absorption méditative va renforcer la capacité mentale en concentrant cette force motivante, qui n'est, jusqu'à ce moment-là, pas encore dirigée vers un seul objectif. Par l'usage du recueillement méditatif, le mental se concentre sur la vraie nature des choses, et favorise la pratique de la sagesse. Et, avec la connaissance, vous êtes plus proche des autres pour les aider. Ces trois pratiques – les trois entraînements à la conduite morale, au recueillement méditatif et à la sagesse – forment une voie pour s'échapper du cycle de l'existence, elles sont désignées comme la vérité de la voie.

Méditation contemplative

En considérant que :

1. Le corps et l'esprit sont sous l'influence des émotions destructives et des actes karmiques provenant des états mentaux négatifs qui enchaînent les êtres vivants à des états temporaires sous forme de dieux, de démiurges, d'humains, d'animaux, de fantômes faméliques et d'êtres des enfers.

2. Pour sortir de cette situation, il faut s'intéresser aux émotions aliénantes en désactivant préventivement leurs empreintes qui se sont accumulées sous forme de karma, pour les empêcher de se manifester dans une nouvelle vie de souffrance. Les rémanences karmiques du continuum de la conscience seront alors inactives.

3. La libération est un abandon du fardeau de la vie, de cette entité corps-esprit sous l'influence des émotions aliénantes et du karma.

4. Il y quatre nobles vérités :

• Les phénomènes internes et externes élaborés à partir des émotions destructives et du karma sont les véritables souffrances.

• Les émotions aliénantes et les empreintes karmiques sont les véritables origines de la souffrance.

• La pacification des émotions aliénantes est la libération, ou la véritable cessation.

• Les méthodes pour éliminer et pacifier les émotions aliénantes forment la vérité de la voie de la cession.

5. Les deux premières vérités, la souffrance et ses origines, désignent ce que nous devons écarter. Les deux der-

nières, la cessation et la voie, soulignent ce à quoi il faut consentir.

6. Nous voulons le bonheur et rejetons la souffrance. Cela exige de *reconnaître* l'envergure de la souffrance, pour pouvoir nous en libérer. En décidant de ne plus supporter les conséquences de la douleur, nous devons *abandonner* leurs causes, les émotions destructives, origines de la souffrance. Pour terminer leur élimination, il faut *actualiser* la cessation de l'origine de la souffrance. Et pour cela, il faut *cultiver* la voie.

7. Sans l'expression d'une motivation sincère pour échapper aux griffes de la souffrance, des forces omniprésentes conditionnantes dont les conséquences sont néfastes, l'état de pleine compassion demeurera hors de portée.

8. Les émotions négatives sont conflictuelles, désagréables, pénibles et perturbatrices.

9. Un désir contrarié entraîne la haine.

10. Nous sommes dans le trouble vis-à-vis de nous-même à cause de la conception erronée de la véritable nature des êtres humains, mais encore, en considérant ce qui est impur comme pur, de concevoir la douleur pour du plaisir, ou de voir dans l'impermanence du permanent.

11. Être né sous l'influence des émotions aliénantes et du karma signifie que nous avons tendance à produire des automatismes émotionnels, avoir du désir pour ce qui est beau, générer de la haine pour ce qui est laid et rester dans la confusion pour le reste.

12. Si la vieillesse s'abattait d'un seul coup, ce serait intolérable.

13. La maladie déséquilibre le fonctionnement harmonieux des organes du corps, et apporte des douleurs phy-

siques qui finissent en tourments psychologiques, avec une perte de vitalité et une impossibilité de s'épanouir.

14. Nous souffrons à l'idée que la mort va nous séparer de nos merveilleux objets, de nos proches bienveillants et sympathiques amis, et nous apporter certains désagréments.

15. L'entité corps-esprit est le réceptacle de la souffrance présente (mûrissement des émotions aliénantes ultérieures et des empreintes karmiques) relative à la vieillesse, la maladie, la mort, de nos automatismes face à la souffrance ; et aussi, le creuset de nos souffrances futures.

16. Soumis à des prédispositions négatives, l'entité corps-mental suscite de la souffrance ; la vraie nature de l'entité corps-esprit correspond à une manifestation de la souffrance des forces omniprésentes conditionnantes.

17. Puisque douleur et plaisir résultent de causes et conditions, des techniques existent pour s'en libérer.

18. Des deux origines de la souffrance que sont les émotions aliénantes et les actes souillés, les émotions aliénantes (désir, haine et ignorance) forment la cause principale, et parmi ces émotions négatives, l'ignorance arrive en tête, car le désir et la haine naissent d'un statut exagéré donné à un objet, au-delà de sa vraie nature.

19. Armé de cette perception, l'ignorance peut être éliminée, car aucune connaissance juste ne l'entérine. Vous vous décidez à maîtriser votre mental pour réaliser ce qui est défini sous le terme de cessation.

20. Les forces opposées indiquent que le changement est possible. Pour contrecarrer quelque chose, il faut d'abord identifier une force opposée, puis augmenter l'intensité de celle-ci, afin que la force contraire s'affaiblisse.

Puisque la souffrance est provoquée par les émotions aliénantes, en adoptant des attitudes mentales contraires, le changement sera salutaire.

21. Parmi les voies qui mènent à la libération, la principale est celle de la connaissance directe de l'absence du soi (la vacuité de l'existence inhérente), car elle peut servir de véritable antidote à l'origine de la souffrance. Cette pratique spéciale de la sagesse demande des exercices de recueillement méditatif qui, pour être effectifs, dépendent d'une conduite morale. Ainsi, la cessation de la souffrance implique trois pratiques : conduite morale, absorption méditative et sagesse.

13

Les conséquences de l'impermanence

« Serait-ce possible qu'un malade puisse être aidé
Par la simple lecture d'un traité médical ? »

Shantideva.

Les circonstances favorables dont nous bénéficions sur le plan mental nous ouvrent à la pratique spirituelle. Nous devons apprécier cette situation pour éviter de la galvauder. Parfois, une tendance à tout remettre au lendemain influence notre motivation à utiliser au mieux cette situation. Le remède à ces atermoiements est une méditation sur l'impermanence. Ce chapitre va étudier plus profondément cette pratique.

Au cours de l'enseignement sur les quatre nobles vérités, Bouddha insista d'abord sur l'impermanence quand il parla de la souffrance. Il fit de même lorsqu'il énonça les quatre aphorismes de sa pensée philosophique. Il commença par l'impermanence :

> Tout ce qui est composé est impermanent.
> Tout ce qui est souillé par les émotions aliénantes a une existence misérable.
> Les phénomènes n'ont pas d'existence intrinsèque.
> Le nirvana est paix.

Les problèmes et les désagréments découlent souvent d'une méprise sur la permanence de choses qui sont en réalité impermanentes. L'analyse de l'impermanence doit donc être approfondie. Pour aborder ce thème délicat, il est nécessaire de distinguer l'impermanence grossière de celle qui est plus subtile. Nous avons tous observé le changement des saisons, de notre corps, etc. Il s'agit là d'exemples d'impermanence grossière. Quand une tasse se brise, le continuum des moments qui forment son existence s'arrête. Pour une personne morte, le flux de la succession des moments de sa vie cesse.

Nous observons des transformations sur une semaine, un mois ou un an, les modifications apparentes sont irréfutables. Mais ces grandes périodes sont composées de phases de changement, plus petites et moins perceptibles, qui se succèdent. À partir de l'observation des changements flagrants, nous pouvons en déduire que les choses évoluent, instant après instant : c'est l'impermanence subtile.

Bouddha se réfère, dans les quatre vérités et les quatre aphorismes, au principe d'impermanence subtile. Cette désintégration de chaque instant des choses repose sur une cause. Avec la méditation profonde sur l'impermanence subtile, nous découvrons que les phénomènes conditionnés par d'autres éléments ont une nature instable dès leur formation. Soyez patient pendant l'explication littérale des quatre aphorismes que je présente ci-dessous : cette connaissance a un impact considérable.

Premier aphorisme

Les textes bouddhistes sur la logique insistent souvent sur le fait que tout ce qui est créé de causes et conditions est naturellement impermanent. L'étude de cette assertion montre qu'il y a probablement une dichotomie d'idées : «résulte de causes et conditions» et «impermanent». La première idée indique l'apparition nouvelle de quelque chose, tandis que l'impermanence correspond à un phénomène qui disparaît, s'arrête ou se décompose. Apparition et disparition ont un sens différent. Mais en poussant la réflexion plus loin, le fait qu'une chose apparaisse d'elle-même signifie qu'elle peut, à l'inverse, à n'importe quel moment, disparaître.

Dès son élaboration, un phénomène possède un caractère d'impermanence, puisqu'il peut s'arrêter à tout instant. Sa décomposition se rattache aux causes responsables de sa formation, rien d'autre n'est utile. Les éléments à partir desquels il se forme sont aussi à l'origine de sa décomposition.

Considérons d'abord deux moments de la formation d'une table, l'exercice est un peu compliqué, mais l'essentiel est d'y réfléchir posément. Lors du second moment, le premier moment s'est déjà désintégré. Tout simplement, il ne persiste pas. Ainsi, en considérant ce fait, dès le premier moment, nous pouvons voir la table qui se désintègre. Constater que le premier moment ne persiste pas revient à ce qu'il n'ait pas pu persister. Ainsi, le premier moment a pour essence la décomposition.

Quelles sont les causes de cette désintégration? Il ne peut y avoir d'autres causes que celles qui ont permis la production de la table. Ces causes l'ont créée avec une propension à la décomposition. C'est le sens de l'assertion que tout ce qui résulte de causes et conditions est naturellement impermanent. Elle correspond au premier aphorisme : « Tout ce qui est composé est impermanent », et signifie que tout ce qui se crée est une rencontre momentanée de causes. En comprenant que les choses ont une vraie inclination à la décomposition, vous ne serez plus choqué par le changement qui se produit, même au moment de la mort.

Deuxième aphorisme

Réfléchir à la désintégration des choses, instant après instant, nous oblige à constater que les personnes et les choses n'agissent pas en pleine autonomie, indépendamment. L'existence des phénomènes procède d'abord des causes qui les produisent; leur disparition intervient, ensuite, sans qu'ils aient besoin de recourir à d'autres causes supplémentaires. Ils sont complètement dépendants des causes et conditions qui les produisent. Ils sont sous la dépendance de choses extérieures à eux-mêmes. Ils ne sont pas autonomes.

Puisque les effets sont relatifs aux causes, ce qui est favorable engendre des effets bénéfiques, et ce qui est défavorable produit des effets négatifs. Si je puis plaisanter, ne pas conclure que des parents indignes auront nécessairement un enfant insupportable, et à l'inverse, des parents respectables sous tous rapports ne donneront forcément naissance à un ange ! Les conditions et les causes sont pléthore pour construire les êtres que nous sommes devenus.

L'entité corps-esprit se forme à partir des actes et des empreintes karmiques des vies antérieures. Et ces actes sont nourris, en partie, par l'ignorance de la véritable nature des phénomènes, mais aussi par l'influence de la haine et du désir, etc. Sentiments dont l'origine est l'ignorance. Ainsi, notre vie présente n'est pas autonome, mais elle est sous l'emprise de causes antérieures, et de l'ignorance.

Le terme « ignorance » introduit un aspect négatif : il mentionne une absence de connaissance. Dans ce contexte précis, il se réfère aussi à une prise de conscience absurde qui déclenche une mésinterprétation des faits qui aboutit à une vie misérable. Cette misère ne se rapporte pas seulement aux sensations douloureuses, mais touche aussi l'ensemble des trois souffrances que nous avons étudiées plus tôt.

Selon le bouddhisme, l'environnement mondain et l'entité corps-esprit qui y vit sont façonnés par des actes commis sous l'aval de l'ignorance. Chaque phénomène sous l'emprise de l'ignorance a une essence de souffrance. C'est l'affirmation contenue dans le deuxième aphorisme : « Tout ce qui est souillé par les émotions aliénantes a une existence misérable. »

Troisième aphorisme

La création factuelle d'une chose suppose qu'elle soit reliée à des causes particulières. Or les choses apparaissent comme autonomes. Mais cette apparence est fallacieuse. L'entité corps-esprit semble exister sous le contrôle d'un pouvoir intrinsèque, mais c'est une illusion. Il est vide de l'apparence qui lui est attribuée.

La confrontation duelle entre réalité et apparence prouve que la souffrance peut être éliminée, car elle se fonde sur une perception erronée de la nature des choses. L'ignorance nous incite à croire que les gens et les choses sont indépendants. Mais cela n'est pas juste. Elles et ils sont démunis d'un tel statut. C'est la notion contenue dans le troisième aphorisme : « Les phénomènes n'ont pas d'existence intrinsèque. »

Quatrième aphorisme

En acceptant l'idée que les choses qui se manifestent existent de façon autonome est tout simplement une erreur, vous réalisez qu'il est sage et avisé de percevoir les phénomènes comme vides d'une nature inhérente. Ignorance et connaissance sont des forces contraires, quand une se renforce, l'autre s'affaiblit. L'ignorance étant, en plus, mal fondée, elle s'élimine avec l'accoutumance à la sagesse.

Développer la connaissance met un terme à la pollution de l'ignorance pour atteindre le nirvana. C'est cette idée qui est renfermée dans le quatrième aphorisme : « Le nirvana est paix », l'ultime joie.

Méditation contemplative

Les quatre aphorismes, qui résultent du principe fondamental sur l'impermanence subtile, ont un énorme impact. En considérant que :

1. Les choses formées à partir de causes évoluent à chaque instant.
2. Les causes qui créent un phénomène ont une inclination à la décomposition dès l'origine.
3. Les phénomènes impermanents sont complètement sous l'emprise des causes et conditions dont ils résultent.
4. Notre entité corps-esprit n'est pas autonome mais sous l'emprise de causes antérieures, en particulier l'ignorance. Elle est donc sous le joug de la souffrance.
5. L'entité corps-esprit qui semble être autonome occulte ainsi la confrontation duelle entre l'apparence et la réalité.
6. La sagesse fait appel à la perception du phénomène comme vide d'une nature inhérente. C'est un moyen pour annihiler la conception erronée qui est issue de l'idée fallacieuse de l'indépendance des phénomènes.
7. Le développement de la sagesse ouvre la voie vers une paix au-delà des frontières de la souffrance, le nirvana.

La condition du succès

Après avoir répété la méditation sur les aspects négatifs du cycle de l'existence qui cadre nos vies dans le cycle de la naissance, la vieillesse et la mort, vous pouvez éventuellement rechercher une libération au tréfonds de votre être, comme un prisonnier désespéré qui cherche à s'évader de sa geôle. Qu'importe la difficulté rencontrée lors de votre première tentative à définir un tel état mental, avec du courage, vous y parviendrez. Shantideva dit :

> Il n'y a rien avec le temps qui ne devienne plus facile
> Quand vous l'avez assimilé.

Avec le temps, vous n'aurez plus d'idées superficielles comme : « Oh, je veux vraiment cela ! », « C'est réellement génial ! », etc.

Si la vision pénétrante n'atteint pas ce degré, et que la prise de conscience reste au niveau des mots, aucune transformation spirituelle n'aura eu lieu. Et l'expression de votre compassion sera incomplète. Ayant compris les problèmes relatifs au cycle de l'existence sous plusieurs angles, les bodhisattvas refusent de quitter le cycle de l'existence malgré un intense désir intérieur de se libérer, motivés par la compassion, ils renaissent pour pouvoir aider les êtres vivants. Ils délaissent leurs aspirations personnelles et font progresser le bien-être des autres.

Abordons maintenant le niveau de la pratique spirituelle de la compassion.

NIVEAU SUPÉRIEUR DE LA PRATIQUE

14

L'altruisme

> « L'altruisme est une source de bonté pour vous et les autres
> Le remède qui calme les ennuis
> La grande voie vers la sagesse
> La nourriture pour tous ceux qui la pratique
> Efficace pour faire progresser le bien-être des autres
> Grâce à elle, vous atteignez indirectement votre plein objectif personnel. »
>
> Tsongkhapa, *Grand Traité de la progression vers l'éveil.*

Le Bouddha Shakyamuni, qui vécut il y a 2 500 ans, est considéré comme un être exemplaire, car il était profondément pénétré par la grande compassion. Son engagement altruiste n'était pas limité à quelques actes de bonté de temps à autre. Il se concentra sur la seule pratique de la grande compassion pour un nombre incalculable d'éons, vie après vie. Une grande sollicitude envers autrui et la pratique d'une sagesse sans faille l'ont libéré des anomalies, doté des qualités exceptionnelles d'un grand maître éveillé, sa renommée est parvenue jusqu'à nous.

D'autres célèbres grands maîtres aux nombreux adeptes comme Moïse, Jésus et Mohamed ont basé leur puissance sur l'altruisme. À travers l'Histoire, les personnes dont la vie nous inspire profondément sont des êtres qui ont choisi de se consacrer à aider les autres. Ils retiennent l'admiration et nous prenons plaisir à lire tout ce qui les concerne. Les biographies des gens dont l'action a été néfaste provoquent effroi et dégoût quand nous les lisons ou dès que nous les évoquons. Ces livres ne parlent pas uniquement du vécu d'êtres humains, ils montrent les différences d'attitudes, leurs motivations à aider ou à nuire. Nous constatons, en parcourant avec objectivité les vies des personnes éminentes de ces trois mille dernières années, que les êtres bienfaisants ont été motivés par l'altruisme, alors que les malfaisants n'ont cherché qu'à nuire autour d'eux.

Une personne peut paraître belle physiquement, mais en lui consacrant du temps, on devine une personnalité peu avenante et notre opinion change. À l'inverse, un individu peu séduisant peut être chaleureux, et nous pensons : « Cette personne est merveilleuse ! » La beauté intérieure est la plus remarquable. Certains animaux, comme des êtres humains, ont aussi une belle apparence corporelle. Mais je doute que les bêtes jugent les gens sur leur beauté physique. Ils sentent instinctivement leur caractère, si ceux qui les approchent sont sympathiques ou agressifs. À cet égard, l'animal est parfois plus digne de confiance qu'un humain, qui en fonction de son intérêt du moment est sournois, ou, à l'inverse, facilement trompé.

Je suis d'avis qu'il faut avoir de la bienveillance vis-à-vis d'autrui pour qu'en retour les gens soient gentils avec nous. Les humains dépensent des sommes d'argent invraisemblables pour être physiquement attirants. Et, en comparaison, ils ne consacrent presque rien pour avoir un esprit accueillant. Le recours aux autres est possible pour avoir un corps agréable, mais vous êtes seul à pouvoir générer un esprit altruiste.

L'altruisme pour s'aider soi-même

Tsongkhapa répétait souvent : « Travailler au bien-être des autres est un moyen d'accomplir le sien en suivant la voie. » C'est une vérité profonde : plus votre dévotion au profit des autres est grande, plus, en retour, vous en bénéficierez. Certains apprécient l'altruisme et le louent parfois, mais sans voir son intérêt pour leur propre bien-être. D'autres s'engagent dans une intense dévotion à l'égard des autres, en se sacrifiant, parce qu'ils négligent leur bonheur. Or, il ne faut pas arrêter de se préoccuper de son développement personnel, mais cesser de se chérir à outrance, d'être égocentré en permanence. Dans les écrits bouddhistes, il est question de chérir les autres plus que soi-même.

Si l'état d'esprit transformatif de chérir autrui n'a pas été adopté au lieu de l'ineptie égocentrique de s'aimer soi-même, vous ne trouverez aucun bien-être dans ce monde, et l'ultime état altruiste de la bouddhéité est hors de portée. Shantideva dit :

> Sans vous détourner
> De votre bonheur personnel afin de soulager la souffrance des autres,

Non seulement vous n'atteindrez pas la bouddhéité,
Mais, en plus, n'attendez aucun plaisir dans le cycle
de l'existence.

L'interdépendance relationnelle

L'interdépendance est l'essence de la société humaine. Quelle que soit la puissance d'un individu, il ne réussira jamais seul. Les humains sont sociables, si bien qu'ils dépendent les uns des autres. Le désir échoue dans la tâche de rassembler ce qui est favorable, même pour nous. Car, au fond, il est partial. Dans le désir, ce qui ressemble à de l'affection pour quelqu'un mute ensuite en préjugés, puis fût-elle infime, la haine arrive à s'y glisser. L'altruisme est le meilleur moyen pour regrouper ensemble des éléments positifs car il est impartial. Il ne nous pousse jamais à réagir de manière irrationnelle et nuisible. Le sentiment altruiste a une nature positive.

Pour ne pas mourir, nous agissons. Et sans prendre certaines dispositions, nous serions déjà morts. Quels que soient nos actes, ils aboutissent au résultat souhaité lorsqu'ils tiennent compte de la nature réelle de la situation. Recherchez ce qu'il faut pour préparer un repas (et je l'admets, je ne sais pas cuisiner !). La volonté de le faire ne suffira pas sans savoir quels légumes doivent être achetés, comment les couper et les cuire. Il est donc essentiel, quand vous vous engagez dans une action, de connaître la réalité de la situation.

Quel est notre véritable situation? Le bonheur que nous souhaitons dépend de nombreuses causes et conditions, comme la souffrance que nous cherchons à éliminer. C'est encore le cas, pour connaître le véritable statut du bonheur ou de la souffrance, il faut effectuer une analyse étendue, et non voir cela sous un angle fermé. Observer un facteur unique ne suffira pas pour devenir heureux ou annihiler la souffrance.

Sous l'emprise du désir ou de la haine, la prise de conscience est réduite, dirigée vers un objectif. Quand la colère vous envahit au point d'être poignante, vous n'arrivez pas à comprendre l'entrelacs des conditions qui sont à l'origine de la situation. Dans le cas contraire, ce sentiment de haine n'aurait pas surgi. La focalisation mentale sur un facteur unique, au milieu de nombreux autres, soulève un problème. Vous fermez la porte à l'ouverture d'esprit et, au-delà, à votre propre joie.

Pour se manifester, les émotions aliénantes ont besoin d'une cible précise : un soi existant, apparemment réel et véritable, autonome. Lorsque les émotions aliénantes entrent en scène, il devient difficile de remarquer que la situation relève de multiples éléments étroitement liés. En l'absence du désir et de la haine, ce contexte d'interdépendance est plus facile à analyser.

Nous sommes tous sensibles, d'autre part, à ce que l'altruisme soit une disposition mentale non aliénante. Par nature, le sentiment altruiste est généreux, ce qui permet de prendre plus aisément en compte un nombre important d'éléments interdépendants. En économie, politique, commerce, sciences, culture et protection sociale, ou d'autres activités, rien n'est la conséquence d'un seul facteur. Puisque sa vraie nature repose sur un vaste réseau de conditions, plus le point de vue est élargi, plus forte est la capacité à construire quelque chose de positif ou éliminer d'autres phénomènes négatifs.

Essayer d'évaluer un problème en dehors d'une large perspective amène une quantité d'ennuis à nous et aux autres. Les situations complexes à travers le monde viennent d'un manque de vue globale car nous ne considérons qu'une seule facette du problème. Ou les ennuis sont attribués à un seul être, et il est considéré comme étant à l'origine du problème, et nous pensons : « Voilà mon ennemi ! » Se centrer sur ses propres intérêts est le problème, avoir de la sollicitude pour les autres est la solution.

Je dis souvent aux gens que je rencontre que les enseignements bouddhistes contiennent une explication abondante sur l'interdépendance, cette notion n'en est pas exclusivement l'apanage. Mais elle est critique pour saisir de nombreuses situations dans le monde. Cette idée d'interconnexion touche une multitude de domaines d'application car elle apporte une vision holistique. L'altruisme est la porte ouverte vers cette vue élargie.

Le courage de l'altruisme

La sollicitude envers les autres est un acte de courage. Être renfermé sur soi, avec son « moi », apporte peur et anxiété. Il en découle un sentiment d'insécurité, un mal-être dans un corps vulnérable aux incidents de santé. Or, se plonger profondément dans la pratique de l'altruisme donne du courage. La peur recule. Le stress intérieur diminue, avec des répercussions positives sur la tension sanguine : un bien-être général s'installe.

Récemment, j'ai assisté à une rencontre scientifique à New York. Un médecin a signalé que les individus qui usent fréquemment du pronom « je » souffrent de maux cardiaques. Il n'a pas étayé son propos, mais il me semble que l'emploi excessif de « je » centre la personne sur elle-même et limite ainsi ses perspectives. Elle se replie intérieurement. Une situation peu favorable pour un cœur sain. Or, avoir de l'empathie pour les autres est essentiel. Cela procure une large ouverture d'esprit qui modifie complètement nos perspectives. Si j'étais docteur, je prescrirais probablement à mes patients : « Soyez altruiste pour aller mieux ! »

Nous appartenons à ce monde et, chacun, nous avons des opportunités pour aider les autres. Des marques de sollicitude envers ceux qui partagent votre vie professionnelle auront des conséquences. Car, s'ils ne sont que dix, l'ambiance générale sera plus agréable avec moins de dissensions. Imaginons qu'à leur tour, ils agissent de concert avec leurs partenaires. Les effets seront progressifs, mais finalement ils auront une action transformative. Voilà comment changer le monde.

Devenir un pratiquant de capacité supérieure

La voie vers un niveau supérieur de la pratique spirituelle ouvre vers un développement altruiste à un degré où rechercher l'éveil afin de servir les autres devient une motivation spontanée et profonde. Cette aspiration réfléchie à l'éveil devient la forme ultime de l'altruisme quand elle est mise en œuvre avec la sagesse de l'interdépendance. Pour finir cette partie du livre, nous nous intéresserons aux moyens d'approfondir la compassion et de développer la sagesse.

Dès le début de son inspiration, Bouddha utilisa la motivation altruiste pour atteindre l'éveil. Le dernier conseil à ses disciples fut d'intérioriser cette intention de chérir les autres plus que soi. J'ai personnellement la chance d'avoir appris à m'y conformer, en suivant ses pensées, et les avis du grand maître et pratiquant indien Nāgārjuna. Et j'espère que vous aurez cette sensation de bonheur en lisant ce qui suit. Au Tibet, on se transmet oralement l'histoire d'un maître qui vécut à la fin du XVIIe siècle et qui se consacra à cette pratique. Un jour, achevant son enseignement sur la méthode, il dit : « Quelle chance j'ai, aujourd'hui, de vous avoir enseigné l'amour, la compassion et la motivation altruiste d'atteindre l'éveil, je me sens ragaillardi ! »

Médiation contemplative

En considérant que :

1. Nous préférons lire les autobiographies d'auteurs motivés par l'altruisme, plutôt qu'écouter les parcours de vie de personnes dont les agissements ont nui aux autres et provoquent la peur et l'appréhension.

2. Un bel état d'esprit intérieur vaut mieux que la beauté physique.

3. Vous êtes le seul à pouvoir parfaire votre mental.

4. Travailler à réaliser le bien-être des autres permet l'accomplissement du vôtre sur la voie.

5. Il ne faut pas vous désintéresser de votre développement personnel, mais arrêter de vous chérir égoïstement, ce qui provoque une concentration mentale dirigée presque exclusivement sur vous-même.

6. Le désir fait échouer le regroupement de ce qui est favorable pour vous-même, car ce sentiment est subjectif et absurde. Dans le désir, la sensation d'affection pour l'autre est négative, car nous laissons la haine, fût-elle infime, s'immiscer.

7. L'altruisme est un moyen particulièrement efficace pour rassembler des facteurs bénéfiques, car il agit en accord avec sa véritable nature d'indépendance, qui est le cœur de la relation sociale.

8. Le vrai bonheur et la véritable libération de la souffrance ne se réalisent qu'avec une vue élargie, et non avec une perspective restreinte.

9. Dans la haine et le désir, votre perception est limitée. Se concentrer sur un élément particulier confine à un problème parmi d'autres, vous n'avez plus d'ouverture d'esprit.

10. Les émotions aliénantes ont besoin d'une cible précise pour se manifester : le soi existant, apparemment réel et véritable, autonome.

11. Plus la vision est élargie, plus grande est la capacité à construire quelque chose de positif ou de surmonter ce qui est négatif.

12. Se centrer sur soi est le problème ; avoir de l'empathie pour les autres est la solution.

13. L'interdépendance est applicable à bien des champs d'activités, car elle procure une vision holistique. L'altruisme est le portail à franchir pour avoir cette vue élargie.

14. Au moment où vous êtes seulement centré sur « je », la peur ou l'anxiété qui vous motive aliène le mental, et provoque parfois des troubles physiques.

15. Le monde se transformera si chacun de nous modifie son état d'esprit ; ce changement s'étendra d'individu à individu.

16. La voie qui conduit à un niveau supérieur de la pratique spirituelle ouvre vers le développement altruiste à un degré où la recherche de l'éveil afin de servir les autres devient, en fait, une motivation spontanée et profonde pour tout ce qui est entrepris.

15

Générer la grande compassion

> « Les altruistes demeurent un temps illimité dans le monde
> Pour des êtres innombrables, ils recherchent
> Les qualités indénombrables de l'éveil
> Et réalisent un nombre incalculable d'actes vertueux. »
>
> Nāgārjuna, *La Précieuse Guirlande des avis au roi.*

Les bouddhistes utilisent le terme de « grande » pour une autre conception de la compassion qui est dirigée vers un nombre illimité d'êtres vivants, s'intéresser à soi seulement est sans importance. Les êtres vivants sont en nombre incalculable, avec des caractères et des intérêts si différents, que pour les aider les enseignements et les exercices sont d'une infinie variété et s'adaptent à leur degré de développement spirituel. Par surcroît, aucune considération de temps n'étant retenue pour aider autrui, l'engagement est sans limites afin de pourvoir les êtres innombrables des qualités indénombrables de l'éveil. Un tel altruisme est absolument incroyable. Bouddha dit :

> S'il y a un mérite, c'est celui de devenir éveillé
> Avec une motivation altruiste.

> Elle envahit la plénitude du ciel,
> Et puis, la surpasse.

La révélation de cette autre inclination intérieure fait de vous un bodhisattva, les héros (sattva) qui ont atteint l'éveil (bodhi) pour aider les autres à s'éveiller. Un lama du nom de Toyon décrit ainsi cet état d'esprit :

> Puissent les racines vertueuses, que j'ai atteintes en concevant ce livre, avoir comme résultat que je demeure dans le cycle de l'existence aussi longtemps que l'univers perdurera pour porter la souffrance des autres êtres vivants à leur place, au lieu d'atteindre la bouddhéité.

Deux méthodes servent à motiver un altruisme si courageux. L'une se réfère aux sept préceptes de la cause et de l'effet et l'autre à la pratique de l'échange de soi contre autrui, notions sur lesquelles je vais m'attarder dans ce chapitre et le suivant.

Précepte de base : libérez-vous de vos préjugés dans vos relations avec les autres

Les sept préceptes de la cause et de l'effet ouvrent par un précepte qui n'y est pas inclus, puisqu'il en est le fondement. C'est la pratique de l'équanimité, une égalité d'esprit envers les autres. Le développement d'un engagement, aussi intense et immense, envers les autres, exige d'abord de pacifier vos dispositions mentales vis-à-vis des autres et de devenir impartial. Tsongkhapa dit :

> Si vous n'écartez pas vos préjugés contre certains et que vous soyez hostile aux autres, amour ou compassion seront partiaux.

Actuellement, vous ressentez une sensation d'intimité, d'affection pour vos amis, qui rend plus facile l'émission du souhait qu'ils soient libérés de la souffrance et obtiennent le bonheur. Mais les ennemis sont rejetés, et parfois, nous nous réjouissons de leurs malheurs. Et les personnes neutres, ni amies ni ennemies, nous laissent indifférents, sans attirance ou répulsion. Tsongkhapa le dit sans ambages :

> À présent, vous ne supportez pas que vos amis souffrent, mais vous vous délectez des souffrances de vos ennemis, et vous êtes indifférents aux personnes neutres.

La sympathie ordinaire envers des amis est quelquefois un obstacle pour arriver à motiver de la compassion pour tous les êtres, car elle n'est pas impartiale. La sympathie est teintée d'attachement et, par conséquent, associée à une émotion aliénante. En revanche, la véritable compassion provient de la reconnaissance que l'aspiration des autres à être heureux et à refuser la souffrance est comparable à la nôtre. Elle suscite le vœu compatissant qu'ils doivent aussi en être libérés. Émanant d'une analyse, cette compassion envers quelqu'un n'est pas affectée par l'intérêt, c'est-à-dire savoir si l'ami est utile, l'ennemi nuisible : l'individu est seulement neutre. La réelle compassion ne doit pas dépendre de la bonté d'une personne envers vous.

Vous êtes à l'origine de l'affection, car elle est une réponse à la gentillesse de l'autre. La sympathie, les rapports amicaux ordinaires sont, pour cette raison, partiels. Alors que la véritable compassion a d'autres origines.

Modifiez vos réactions

Le travail sur l'équanimité n'a pas pour objectif de démontrer qu'il n'y a pas d'amis ni d'ennemis. Pas question de nier que des personnes qui vous offrent de l'aide sont des amis et que ceux qui vous nuisent sont des ennemis. Néanmoins, à travers la course du temps, les situations changent, le classement entre amis et ennemis n'est pas définitif. Cherchez simplement à limiter cet attachement éprouvé envers les uns car, en ce moment, ils sont vos amis ; et ne soyez pas hostile envers les autres car, dans l'immédiat, ils sont devenus des ennemis. Tsongkhapa dit :

> Pas besoin de rejeter la notion d'amis ou d'ennemis. Il faut simplement faire appel à la partialité pour comprendre qu'elle découle de l'attachement et de l'animosité, qui déterminent si les uns et les autres sont des amis ou des ennemis.

En développant l'équanimité, vous essayez de ne plus vous appuyer sur le fait qu'une personne vous porte préjudice, ou nuit à des proches, pour lui être hostile. Bien au contraire, comme le propose Shantideva, il faut utiliser de telles situations pour exercer sa patience envers cette même personne. Au fond, un ennemi est une opportunité pour concevoir la pratique cruciale de la tolérance compassionnelle, et ainsi devient précieux en termes de guide spirituel.

Méditation contemplative

1. Imaginez un ami, un ennemi et une personne neutre debout face à vous.
2. Intérieurement observez votre disposition mentale à l'égard de l'ennemi, de l'ami et de la personne neutre.
3. L'ennemi ne présente-t-il aucun attrait ? A-t-il agi contre vous ou des amis au cours de cette vie ?
4. L'ami est-il pleinement attirant ? A-t-il offert de l'aide, à vous ou à vos proches, dans cette vie ?
5. La personne neutre ne présente-t-elle aucun de ces aspects ?
6. Considérez cela sur un laps de plusieurs vies, même si rien ne peut empêcher qu'un ennemi reste un ennemi, qu'un ami demeure un ami, ou qu'une personne persiste à être neutre, dans cette vie-ci.
7. Concluez qu'il est en conséquence injuste de classer les uns et les autres en catégories distinctes en fonction de l'intimité, de l'indifférence et de l'animosité.
8. Regardez tous les êtres vivants comme similaires : ils veulent tous le bonheur et refusent la souffrance, comme vous-même.

Réfléchir de cette façon renverse la partialité.

Premier précepte : reconnaître que chaque être a été une mère

Avec un état d'esprit équanime envers les autres, à l'étape qui suit, il faut engendrer la compassion : établir une perspective afin de pouvoir apprécier chez chaque personne des aspects attrayants. Ce n'est apparemment pas facile, mais considérez ceci :

• La prise de conscience, mentionnée plus haut, s'est effectuée dans le mental dont le continuum n'a pas de début.

• Le continuum de la conscience n'ayant pas de début, la personne, qui dépend de ce continuum, ne peut pas avoir de commencement.

• L'existence d'une personne ou du «moi» n'a pas de début, vous avez eu d'incalculables renaissances.

• En conséquence, dans le cycle de l'existence de la naissance et la mort, vous êtes né dans d'innombrables endroits, sous des formes multiples.

• Les corps qui ont porté ces naissances ont été de formes variées, sortis d'un ventre ou d'un œuf.

• La plupart des naissances d'un ventre ou d'un œuf réclament un reproducteur, qui prend soin du nouveau-né.

• Alors, rien ne peut infirmer que chaque être personnellement n'a pas pris soin de vous dans le passé ou qu'il puisse ne pas le faire dans le futur.

Les bouddhistes appellent cet entraînement réflexif : « Reconnaître que chaque être vivant a été une mère. » Mais il ne faut pas forcément prendre votre « mère » comme modèle, il est question ici des êtres capables de protéger leur progéniture. Bouddha dit :

> J'ai du mal à situer des endroits où vous n'êtes pas né, où vous n'avez pas vécu et où vous n'êtes pas mort dans le flux du temps. J'ai des difficultés à ne pas voir dans le long passé de chacun un père, une mère, un oncle, une tante, une sœur, un maître, un abbé ou un guide spirituel.

De cette manière, il est impossible de ne pas voir dans le moindre être vivant un être qui vous a nourri, qui vous a aidé dans l'intimité.

Méditation contemplative

En considérant que :

1. Dès que vous comprenez que la conscience a été produite par une cause de forme analogue, le continuum mental apparaît alors sans commencement.
2. Dès que vous percevez que le continuum de la conscience n'a pas de commencement, la personne fondée sur ce continuum apparaît comme n'ayant pas de début.
3. Dès que vous savez que la personne ou le « moi » n'a pas de début, vous prenez alors conscience de naissances incalculables.
4. En conséquence, rien ne peut infirmer dans le cycle

de l'existence de la naissance et la mort que vous n'êtes pas né à tel endroit ou sous différentes formes.

5. Les corps qui ont porté ces naissances sont de formes variées, sortis d'un ventre (humain ou animal) ou d'un œuf (d'oiseaux ou d'autres ovipares).

6. La plupart des nouveau-nés sortis d'un ventre ou d'un œuf réclament un être nourricier, qui en prend soin.

7. Alors, rien ne peut infirmer que chaque être personnellement n'a pas pris soin de vous dans le passé ou qu'il ne puisse pas le faire dans le futur.

8. Avec ce pressentiment fondamental, chaque individu est proche de vous, est un intime.

Deuxième précepte : être conscient de leur bonté

Cette partie sur le développement de la compassion sert à renforcer le sentiment d'intimité par la réflexion sur la bonté de chacun, dans son rôle de parent nourricier. Remémorez-vous comment votre mère, ou une autre personne, vous a protégé et nourri avec bonté au cours de l'enfance et de l'adolescence. Pensez aux soins attentifs fournis à leur progéniture par les oiseaux et les mammifères. C'est incroyable, même les insectes agissent ainsi.

Puisque les animaux nouveau-nés demandent soins et nourriture durant des semaines, des mois, et parfois des années, l'affection s'installe naturellement entre la progéniture et l'être nourricier. Les animaux qui tètent ses mamelles créent un sentiment d'intimité et d'affection envers leur mère. Et la mère développe les mêmes inclinations pour sa progéniture. Sans affection, elle ne pourrait prendre soin de ses enfants. Des critères biologiques renforcent aussi ce rapprochement.

Malgré tout, certains êtres vivants comme les tortues ou les papillons n'ont pas ce type de relation mère-enfant. La mère pond ses œufs et les abandonne ; le jeune papillon doit subvenir à ses besoins. C'est une caractéristique de la nature, et il est clair que la mère tortue et son enfant, s'ils se rencontrent plus tard, ne manifestent aucune affection l'un envers l'autre.

Je viens de faire référence à des aspects purement biologiques, et non spirituels. Un être vivant qui dépend d'un autre développe un sentiment d'affection. Puisque les humains sont dans ce cas, l'affection se forge entre la mère et l'enfant. Tsongkhapa décrit de telles relations ainsi :

> Dans son rôle de mère, elle vous protège de dangers, et vous procure des bienfaits et du bonheur. Dans cette vie, en particulier, elle vous a élevé inlassablement comme elle a pu : elle vous a porté dans son corps durant des mois. Puis, elle a blotti le nouveau-né sans défense que vous étiez contre elle pour le réchauffer et l'a bercé tendrement dans ses bras. Elle vous a allaité d'une nourriture diététique en vous donnant le sein, nettoyé les glaires de votre nez ou vos matières fécales.
>
> Assoiffé et affamé, elle vous a nourri. Contre le froid, elle vous a habillé. Alors que vous n'aviez rien, elle vous a pourvu du nécessaire. Malade, souffrant, confronté à la mort, votre mère était là, ayant fait le choix, au plus profond d'elle-même, de se sacrifier pour vous, préférant être malade ou mourir à votre place. En agissant avec une telle force de

> conviction, elle a fait ce qu'il faut pour soulager vos maux.

Tsongkhapa, avec cet aperçu intime, nous demande de nous souvenir et d'imaginer combien les membres de la famille et les meilleurs amis ont pris soin de nous à travers des vies innombrables.

De nombreuses prières tibétaines comportent une salutation « à toutes nos mères, les êtres vivants ». Ces enseignements sont répandus au Tibet. Depuis l'enfance, nous nous habituons à certaines formules qui nous proposent une manière spécifique de voir les autres et qui suscitent de la bienveillance envers eux. Ce contexte nous aide, lorsque sont abordés les enseignements sur l'amour, la compassion et la motivation altruiste à atteindre l'éveil. Nous nous appliquons à les réaliser. C'est un mérite de la culture tibétaine.

Méditation contemplative

1. Remettez-vous en mémoire comment une mère ou une personne nourricière élève son enfant, qu'elle soit animal ou humain.
2. Mesurez comment un enfant – humain ou animal – place son destin entre les mains de la personne nourricière et lui donne son affection.
3. Réfléchissez à cette situation jusqu'à l'émergence d'un sentiment profond.
4. Prenez conscience que vos amis, à certaines périodes

de ces vies innombrables, vous ont élevé de cette manière, vous reconnaissez alors leur bonté.

5. Prenez conscience que des personnes neutres, à certaines périodes de ces vies innombrables, vous ont élevé de cette manière, vous reconnaissez alors leur bonté.
6. Prenez conscience que vos ennemis, à certaines périodes de ces vies innombrables, vous ont élevé de cette manière, vous reconnaissez alors leur bonté.

En suivant cette méthode réflexive, vous prenez conscience progressivement des actes personnels de bonté que les êtres vivants ont eus envers vous.

TROISIÈME PRÉCEPTE : LEUR RENDRE LEUR BONTÉ

L'ensemble des êtres qui vous ont donné de la bonté à travers le cycle des vies, éprouvent aussi certaines douleurs mentales et physiques. S'ils ne souffrent pas actuellement, ils sont la proie d'actes déjà commis qui leur apporteront de la souffrance dans le futur. Et ils sont prêts à des actes dont il résultera encore plus de peines. Autour du monde, la règle veut que la bonté soit réciproque. Les gens qui ne s'y conforment pas sont considérés comme grossiers. Comment une personne, disciple de Bouddha, pourrait-elle être ainsi, et avoir l'intention d'assimiler les pratiques bouddhistes du degré supérieur, en ignorant ceux qui l'ont élevé avec bonté depuis des vies ?

Comment agir avec réciprocité

Répondre à cette bonté en fournissant une aide temporaire aux êtres vivants est insuffisant, puisque cela est ponctuel. Si vous aidez une personne à atteindre une vie profitable lors de sa prochaine renaissance, ce n'est qu'un individu parmi tant d'autres. Au lieu de leur offrir seulement la capacité d'obtenir un support temporaire, le mieux que l'on puisse faire est de leur donner à tous de l'aide pour atteindre un niveau stable de réalisation, la paix sempiternelle de la libération du cycle de l'existence et la perfection absolue du corps et du mental de la bouddhéité. Tsongkhapa nous offre une description lucide de la réciprocité :

> Imaginez que votre mère est folle, totalement perturbée. Elle est aveugle, sans guide, trébuchant à chaque pas. Alors qu'elle s'approche d'un précipice dangereux. Sur qui peut-elle compter pour l'aider, si ce n'est son enfant ? En qui peut-elle placer sa confiance ? Si l'enfant ne prend pas ses responsabilités pour la délivrer de cette peur, qui le fera ? L'enfant doit s'assurer de sa sécurité.
> Pareillement, la folie des émotions aliénantes perturbe la paix de l'esprit des êtres vivants, vos mères. Sans contrôle sur leur mental, elles sont folles, elles perdent de vue la voie pour une renaissance favorable, et les perspectives heureuses de la libération et de l'omniscience. Elles n'ont pas de maîtres qualifiés, un guide sur ce chemin de cécité. Elles sont paralysées, trébuchant à tout moment sur leurs actes nuisibles. Ces êtres nourriciers perçoivent principa-

> lement l'obscurité du précipice du cycle de l'existence, et en particulier des terres de douleurs. Elles comptent naturellement sur leurs enfants. Les enfants doivent accepter la responsabilité de les aider à sortir d'une telle situation. Avec cela à l'esprit, rendez à votre mère sa bonté et aidez-la à se libérer définitivement du cycle de l'existence.

Habituellement, on ne doit pas insister sur les carences des autres. Dans ce contexte, la méditation porte sur le triste état de ceux qui nous ont élevés. Vous devez vous exercer à élaborer cette motivation à leur rendre en retour la bonté qu'ils vous ont donnée, en évaluant concrètement leur situation.

Méditation contemplative

En considérant que :

1. Les êtres vivants maternels ont été généreux envers nous au cours du cycle des vies où nous subissons des douleurs physiques et mentales.
2. Ils sont aussi accablés par les actes qu'ils ont accomplis et qui engendreront de la souffrance dans le futur.
3. Par surcroît, ils ont des inclinations à commettre des actes qui susciteront encore plus de douleur.
4. Il serait inconséquent de ne pas leur rendre les effets de leur bonté.
5. La réciprocité la meilleure serait de les aider à réaliser cette stabilité de l'esprit, cette paix durable, la féli-

cité de la libération du cycle de l'existence et la perfection mentale et physique absolue de la bouddhéité.

6. Imaginez concrètement :

   Votre mère folle, aveugle, sans guide, trébuchant à chaque pas, et proche d'une falaise. Sur qui peut-elle compter pour l'aider, si ce n'est son enfant ? En qui peut-elle placer sa confiance ? Si l'enfant ne prend pas ses responsabilités pour la délivrer de sa terreur, qui le fera ? L'enfant doit s'assurer de sa sécurité.

   Pareillement, la folie qui résulte des émotions aliénantes perturbe la paix de l'esprit des êtres vivants, des êtres qui vous ont élevé. Sans contrôle sur leur mental, ils sont fous, et perdent de vue le chemin pour une renaissance favorable, et les perspectives heureuses de la libération et de l'omniscience. Ils n'ont pas de maîtres qualifiés, un guide pour leur cécité. Ils sont paralysés, trébuchant à tout moment sur leurs méfaits. Ces êtres maternels perçoivent principalement l'obscurité du précipice du cycle de l'existence, et en particulier des terres de douleurs, ils comptent naturellement sur leurs enfants. Et les enfants doivent accepter la responsabilité de sortir leur mère d'une telle situation.

Imprégné par cette vision, entraînez-vous avec l'intention de leur retourner cette bonté que ces mères innombrables vous ont offerte, et aidez-les à se libérer de la souffrance et de sa limitation.

Quatrième précepte : cultiver l'amour

> « Le Bouddha a vaincu les hôtes du mal avec le pouvoir de l'amour.
> L'amour est le sublime protecteur. »
>
> Tsongkhapa.

Par la pratique des méditations précédentes (l'équanimité, voir chacun comme une personne nourricière, prendre pleinement conscience de la manière dont ils vous ont aidé, et développer une intention de réciprocité de la bonté), vous avez acquis un sentiment d'intimité avec les êtres vivants et le désir de les aider. À l'étape suivante, vous allez cultiver l'amour chaleureux.

Il existe trois niveaux d'amour chaleureux à cultiver en fonction des trois groupes déterminés précédemment : vos amis, les personnes neutres et les ennemis. Imaginez un ami devant vous, méditez à chacun de ces niveaux spirituels de l'amour jusqu'à ce que vous le ressentiez profondément :

1. Cette personne souhaite le bonheur, mais elle en est démunie. *Comme cela serait* merveilleux si elle était touchée par le bonheur et ses causes.
2. Cette personne souhaite le bonheur, mais elle en est démunie. *Qu'elle soit* touchée par le bonheur et ses causes.
3. Cette personne souhaite le bonheur, mais elle en est démunie. *Je ferai tout* ce que je peux pour qu'elle soit touchée par le bonheur et ses causes.

Prenez garde, débutez avec un individu appartenant à un de ces groupes, puis élargissez progressivement cet état d'esprit chaleureux à l'ensemble des êtres vivants. Tsongkhapa dit :

> Si vous vous exercez afin de développer l'impartialité, un amour chaleureux et de la compassion, sans prêter attention aux « objets précis » sur lesquels le mental se focalise lors de la méditation ; en utilisant, à l'inverse, un objet mal identifié comme « tous les êtres vivants » dès le début, vous aurez l'impression d'avoir généré ces états d'esprit. Cependant, si vous essayez d'adopter de telles attitudes à l'égard de certains individus, vous n'y parviendrez pas. Pour cette raison, l'expérience transformative prend en compte un individu lors de la méditation, puis, progressivement, se focalise vers un nombre de plus en plus élevé de personnes.

L'avantage à adopter cette méthode qui tient compte des individus – d'abord les amis, puis les personnes neutres, et ensuite les ennemis – est impondérable.

Méditation contemplative

1. Imaginez votre meilleur ami devant vous, méditez à chacun de ces trois niveaux spirituels de l'amour chaleureux jusqu'à ce que vous le ressentiez profondément :

• Cette personne souhaite le bonheur, mais elle en est démunie. *Comme cela serait* merveilleux si elle était touchée par le bonheur et ses causes.

• Cette personne souhaite le bonheur, mais elle en est démunie. *Qu'elle soit* touchée par le bonheur et ses causes.

• Cette personne souhaite le bonheur, mais elle en est démunie. *Je ferai tout* ce que je peux pour qu'elle soit touchée par le bonheur et ses causes.

2. Élargissez la méditation à davantage d'amis, un par un.
3. Imaginez une personne neutre devant vous, méditez à chacun de ces niveaux spirituels de l'amour chaleureux jusqu'à ce que vous le ressentiez profondément :

• Cette personne souhaite le bonheur, mais elle en est démunie. *Comme cela serait* merveilleux si elle était touchée par le bonheur et ses causes.

• Cette personne souhaite le bonheur, mais elle en est démunie. *Qu'elle soit* touchée par le bonheur et ses causes.

• Cette personne souhaite le bonheur, mais elle en est démunie. *Je ferai tout* ce que je peux pour qu'elle soit touchée par le bonheur et ses causes.

4. Élargissez la méditation à davantage de personnes neutres, une par une.
5. Imaginez votre ennemi le plus inoffensif devant vous, méditez à chacun de ces niveaux spirituels de l'amour chaleureux jusqu'à ce que vous le ressentiez profondément :

• Cette personne souhaite le bonheur, mais elle en est démunie. *Comme cela serait* merveilleux si elle était touchée par le bonheur et ses causes.

• Cette personne souhaite le bonheur, mais elle en est démunie. *Qu'elle soit* touchée par le bonheur et ses causes.

• Cette personne souhaite le bonheur, mais elle en est démunie. *Je ferai tout* ce que je peux pour qu'elle soit touchée par le bonheur et ses causes.

6. Élargissez la méditation à davantage d'ennemis, un par un.

Avoir des égards pour l'indigent

Il faut se concentrer sur les êtres indigents, les pauvres et les vulnérables, lorsque l'on cultive l'amour ou que l'on pratique d'autres techniques de méditation. Les médias diffusent constamment des nouvelles désastreuses comme des famines, des inondations ou des situations de pauvreté extrême. Les personnes prises dans ces calamités sont semblables à nous : elles recherchent le bonheur. Mais des événements extérieurs, et d'autres cirscontances personnelles, les plongent dans la catastrophe.

Quand vous prenez connaissance que des êtres vivent de tels drames, cultivez pour eux un amour chaleureux, en pensant : « Quelle terrible situation ! Puissent-ils avoir le bonheur ! » Si vous dirigez ainsi votre réflexion, de temps en temps, en regardant les actualités télévisées ou en lisant des articles de presse, cela vous aide à cultiver l'amour envers les êtres vivants.

Une pensée ambiguë peut surgir : « Pourquoi je m'empoisonne la vie à m'intéresser à cela ? Mon petit confort personnel me suffit. » Or, je vous l'ai dit auparavant, l'aide offerte aux autres vous profite dans la même proportion. Votre vécu est là et regorge de preuves. Si vos problèmes personnels n'encombrent plus totalement votre esprit, la santé s'améliore, vous êtes spirituellement plus ouvert et la paix intérieure s'installe. Et les effets de cette pratique rejaillissent sur le cycle des vies, et apportent du bien-être.

Méditation contemplative

Lorsque vous apprenez des nouvelles désastreuses comme des famines, des inondations ou des situations de pauvreté extrême, considérez que :

1. Ces êtres vivants sont comme moi, ils recherchent le bonheur et ont le droit de l'obtenir. Mais des événements extérieurs, et d'autres circonstances personnelles, les plongent dans la catastrophe.
2. Pensez : « Quelle terrible situation ! Puissent-ils avoir le bonheur ! »

Cinquième précepte : compassion

Pour cultiver la compassion, il faut prendre en compte les situations terribles où des êtres vivants sont enfermés. Ressentez dans votre cœur combien d'innombrables animaux sans défense sont exploités par les humains. Au cours d'un repas, nous faisons des critiques comme : « Cette viande est goûteuse ! », « Cette viande est délicieuse ! » Mais si l'on regarde de plus près, nous mangeons de la chair d'êtres vivants et rien ne nous y autorise. Les humains sont incroyablement gourmands. Nous devons nous interroger sur le grand nombre de fermes d'élevage de poulets, de cochons, ou les fermes piscicoles, et réfléchir autrement. Dans le passé, à travers le monde, les humains s'organisaient, plus ou moins, pour se nourrir à satiété. Ils ne tuaient pas les animaux à l'échelle où on le fait aujourd'hui. Afin de faire plus de profits, de grandes entreprises se sont formées pour exploiter les animaux. En réfléchissant à cette souffrance animale, nous ne pouvons pas leur refuser d'être des objets d'amour et de compassion.

Autrefois, il n'existait pas de gigantesques batteries d'élevage de volailles. Elles ont fait leur apparition dans les pays riches sous la pression du développement économique. Tous les restaurants proposent à leur menu de la viande de poulet. Réfléchissez aux conditions dans lesquelles ils sont élevés, leurs souffrances, les peurs qu'ils endurent et combien ils sont vulnérables. Vous aurez mal au cœur, au point que cela ne soit plus supportable.

Pensez aux autres animaux qui vivent dans des conditions semblables : moutons, vaches, yaks, cochons, et, finalement, les humains aussi. Ils veulent se délivrer de la douleur et ils en ont le droit. Mais ils continuent à souffrir sans le vouloir. Ressentez cette douleur sans fin et émettez le vœu qu'ils en soient libérés. Pratiquez de cette manière.

Intéressez-vous aux personnes nuisibles

Concentrons-nous sur les êtres vivants dont les méfaits sont notoires. Qu'ils souffrent ou pas, à cause de leurs actes, ils se préparent à souffrir dans le futur, et ainsi, ils pourront aussi devenir des objets de compassion.

Intéressez-vous aux personnes perverties par le pouvoir

Si vous avez déterminé avec succès, lors du niveau intermédiaire de la pratique, les trois types de souffrance (les douleurs physiques et mentales, la souffrance du changement, et la souffrance omniprésente conditionnante) de cette vie présente, il est alors aisé de comprendre que des personnes sont perverties par l'influence de notions erronées qui laissent entrevoir les plaisirs mondains comme les expressions du véritable bonheur. (Comme je l'ai expliqué auparavant, ce sont de parfaits exemples de souffrances en lien avec le changement.) Ils sont sous l'influence puissante des idées aliénantes et sous l'emprise de l'ignorance.

En identifiant clairement la souffrance omniprésente conditionnante, on devine aisément que tous les puissants, ou qui apparaissent comme tels, sont aussi tourmentés par cette souffrance qui les conditionne, et sous le coup des émotions aliénantes, dépossédés de leur propre pouvoir, et en proie à l'autodestruction. Pensez :

> Peu importe l'individu sur qui on se penche, il apparaît que des personnes, pourtant puissantes, sont dans le mensonge. Elles sont sous l'emprise des attitudes négatives, préparant leur autodestruction. Dans quelle dérive sont-elles ! Si cette personne pouvait se libérer de la souffrance et de ses causes, ce serait merveilleux !

S'intéresser au perdant et au gagnant

Lorsqu'une personne est violentée par une autre, nous plaignons la personne battue et notre colère s'abat sur l'agresseur. La douleur du perdant est criante, mais nous ne prêtons pas attention à la grande souffrance que l'attaquant endurera dans le futur, à cause de l'empreinte karmique qui s'accumule, après un acte si méprisable. Le perdant vient de subir le fruit d'un acte négatif réalisé antérieurement, et n'aura plus à en souffrir ultérieurement. Pour l'agresseur, ce nouveau karma sera la cause, pour il ou elle, de vivre à travers plusieurs vies la souffrance, fruition d'un acte cruel. Nous devons, en fonction de ce point de vue, avoir une grande compassion pour l'auteur du méfait.

La capacité à penser comme cela ouvre le chemin vers la pratique de la patience. Par exemple, une personne vous fait du mal. Vous réfléchissez et concluez qu'il s'agit de la maturation d'un acte malencontreux commis précédemment. Et le karma est purifié de cette action. Mais la personne qui vous a attaqué a accumulé un karma négatif qui produira son fruit. Avec cet état d'esprit, c'est l'agresseur qu'il faut plaindre. Plutôt que de la colère, cette personne demande de la compassion. Vous vous engagez ainsi sur la voie qui permet de générer facilement la patience, le pardon et la tolérance.

Méditation contemplative

La compassion, comme l'amour chaleureux, est d'abord cultivée envers vos amis, puis les personnes neutres, et ensuite les ennemis. Méditez à chacun de ces trois niveaux spirituels de la compassion jusqu'à ce que vous la ressentiez profondément.

1. Imaginez votre meilleur ami devant vous et méditez sur ce qui suit :

- Cette personne recherche le bonheur et veut s'affranchir de la douleur mentale ou physique, de la souffrance du changement et de la souffrance omniprésente conditionnante. *Comme cela serait bien*, si cette personne pouvait au moins se délivrer de la souffrance et de ses causes !
- Cette personne recherche le bonheur et veut s'affranchir de la douleur mentale ou physique, de la souffrance du changement et de la souffrance omniprésente conditionnante. *Puisse-t-il ou elle* se délivrer de la souffrance et de ses causes !
- Cette personne recherche le bonheur et veut s'affranchir de la douleur mentale ou physique, de la souffrance du changement et de la souffrance omniprésente conditionnante. *Je ferai tout ce que je peux* pour qu'elle ou il se libère de la souffrance et de ses causes !

2. Élargissez la réflexion méditative à plus d'amis, un par un.

3. Imaginez une personne neutre devant vous et médi-

tez à chacun des trois niveaux spirituels de la compassion jusqu'à ce que vous la ressentiez profondément.

4. Élargissez la réflexion méditative à d'autres personnes neutres, une par une.

5. Imaginez l'ennemi le plus inoffensif devant vous et méditez à chacun des trois niveaux spirituels de la compassion jusqu'à ce que vous la ressentiez profondément.

6. Élargissez la réflexion méditative à d'autres ennemis, un par un.

La pratique progressive

En vous consacrant, jour après jour, au développement du sentiment de compassion, à un moment une forte sympathie et une profonde empathie pour les êtres vivants sont atteintes. Cela marque la réalisation de la grande compassion. Dans *Les Étapes de la méditation*, Kamalashila dit :

> Lorsque que la compassion est ressentie spontanément, avec le souhait d'éliminer la souffrance des êtres vivants – comme une mère qui désire soulager son enfant chéri de la maladie –, alors la compassion est entière. Pour cela, elle est surnommée la grande compassion.

Puisque les inclinations erronées à l'égocentrisme sont enracinées dans le mental, pratiquez cet exercice au cours de séances de méditation, mais aussi lors de vos activités quotidiennes. Tsongkhapa dit :

> Le continuum mental a été imprégné depuis des temps incommensurables par le flot amer des émo-

tions aliénantes. Ainsi, rien ne changera si vous ne vous consacrez pas à la pratique de l'amour chaleureux, de la compassion, etc., à chaque instant. Pour cela, poursuivez votre méditation sans relâche.

SIXIÈME PRÉCEPTE : L'ATTITUDE DE GRANDE BIENVEILLANCE

À l'avant-dernière étape, vous prenez la responsabilité entière d'offrir aide et bonheur à l'ensemble des êtres vivants. Pour cela, il est insuffisant d'émettre le simple souhait que tous les êtres soient gratifiés du bonheur et de ses causes et libérés de la souffrance et de ses causes. Maintenant, il faut prendre l'entière responsabilité du bien-être des autres, en décidant de procurer aide et bonheur à l'ensemble des êtres vivants. Même si vous devez accomplir cela seul.

Méditation contemplative

Pour développer ce vœu ultime altruiste :

1. Remémorez-vous, encore et sans cesse, la signification de cette stance tirée de *La Marche vers l'éveil* de Shantideva :

> Tant que l'univers existera et que les êtres transmigreront
> Puis-je demeurer afin de les libérer de leurs souffrances.

2. Rappelez-vous qu'il faut se consacrer aux actes vertueux et au karma bénéfique du continuum de votre conscience pour le profit de l'ensemble des êtres vivants.

3. Décidez :

Même si je dois le faire seul, je libérerai les êtres vivants des souffrances et de leurs causes, et je leur donnerai le bonheur et ses causes.

Progressivement, ces exercices de méditation contemplative sont assimilés, alors vous ressentez leur impact.

Septième précepte : l'esprit d'éveil

Maintenant, la résolution d'aider les autres s'est renforcée. Vous avez peut-être la capacité de les aider, mais grâce à l'analyse, vous comprenez que, pour que cela soit effectif, il faut atteindre la perfection de la bouddhéité par le corps, la parole et le mental. Cela s'accomplit en réalisant l'éveil d'un bouddha, afin de savoir reconnaître les inclinations mentales des autres, et aussi choisir les techniques que vous allez leur enseigner. Ainsi, l'éveil est conçu dans le but d'être plus efficace pour le bénéfice des autres.

Quand la double aspiration (d'aider les autres et d'atteindre l'éveil dans le but de les servir) atteint une telle puissance, qu'elle reste aussi forte au cours de la méditation qu'en dehors, la motivation altruiste de devenir éveillé est générée et l'état de bodhisattva est réalisé (le héros de l'éveil).

Méditation contemplative

1. Analysez si vous avez la capacité dès maintenant d'aider les autres à obtenir le bonheur et à se libérer de la souffrance.

2. Pensez qu'en dehors de l'aide offerte aux êtres vivants, il faut les éduquer pour qu'ils puissent atteindre l'éveil.

3. Concluez que vous devez réaliser l'éveil dans le but d'éliminer les obstructions à la reconnaissance des intérêts des autres et de leurs dispositions mentales, et de savoir choisir les différentes techniques d'enseignement indispensables pour les aider.

4. Décidez d'atteindre l'éveil afin d'aider les autres à réaliser aussi l'éveil.

16

L'échange de soi contre autrui

«Quelle que soit la joie répandue dans le monde,
Elle est née d'un souhait d'apporter le bonheur à autrui.
Quelle que soit la souffrance répandue dans le monde,
Elle est née du souhait d'un bonheur égoïste.»

Shantideva.

Nous allons maintenant utiliser une nouvelle technique pour engendrer la sollicitude envers les autres qui est désignée sous l'expression : «l'échange de soi contre autrui». L'idée n'est pas de ne plus s'intéresser à son propre développement mental, mais de mettre fin à un égoïsme exagéré, qui provoque une focalisation sur soi presque totale. La pratique commence en considérant comment chaque individu vous a prêté assistance.

La manière dont chacun vous a aidé

Comme nous venons de le voir au chapitre précédent, à travers le cycle des vies, chaque être vivant vous a nourri et élevé à une certaine période. Et l'ensemble des êtres, dans cet espace sans fin, a contribué directement ou indirectement à vous rendre service. Quelle que soit leur motivation, ils ont été bons avec vous. La nourriture, les vêtements, la maison, l'amitié, la réputation, et des objets comme un appareil photo ou une montre, rien n'existerait sans les êtres vivants.

Remerciez les autres pour ce que vous avez dans vos assiettes. Les paysans sont dans leurs champs, au travail, quand il pleut, alors que nous nous mettons à l'abri. Ils doivent aussi lutter contre les insectes. Le coton, avant d'être transformé en tissu, est entretenu sur pied en terre jusqu'à sa récolte. Ce travail est mécanisé, mais réclame néanmoins beaucoup d'efforts humains. Pour tisser une pièce de soie ou un brocart, combien faut-il tuer de vers à soie ? Des animaux sont écorchés, dépecés afin de réaliser une veste en cuir ou un manteau en fourrure dont le port est parfois un simple agrément. Pour un collier de perles, combien d'huîtres sont mortes ?

Nos habitations ont été bâties après un dur labeur. Et les ouvriers, la maison finie, partent vers un autre site de construction. Nous y emménageons, puis critiquons telle ou telle chose. Regardez le travail des porteurs, ils sont condamnés à cette vie éprouvante pour la plupart.

Pensez à cette boîte fabriquée avec soin, qui est jetée dès que les chaussures neuves en sont sorties. Bien sûr, certaines personnes la recyclent intelligemment. Nous devons avoir de la reconnaissance pour ces choses qui existent.

L'amitié est un lien avec les autres. Aucune camaraderie n'est envisageable si l'on est seul. Les humains ont besoin d'affection, n'est-ce pas ? Lorsqu'une personne vous donne de l'affection, c'est agréable. Un être humain en a besoin. Un chat et un chien savent être affectueux, mais un diamant ne le sera jamais malgré son prix. Je doute qu'une puce soit dans les mêmes dispositions, mais la plupart des animaux sont tendres. Les liens d'affection relèvent des autres êtres qui vous entourent, cela est très précieux.

La gloire, la renommée sont chimériques si l'on est seul. Il faut une foule de gens à travers le monde pour que vous puissiez en bénéficier.

Que cela vous aide ou pas, c'est inappréciable. Et nous devons en tenir compte. Ma montre n'a aucun affect pour moi. Or elle m'est utile, donc je l'apprécie, j'en prends soin et je prends garde à ne pas l'abîmer. Comme le suggère Shantideva, nous faisons grand cas de l'élimination de la douleur, et pourtant, en y réfléchissant bien, la cessation de la souffrance n'a aucune affection pour nous. Secourable, nous l'apprécions et estimons les pratiques spirituelles qui nous y mènent. Mon point de vue est que la gratitude et l'estime, dans ce cas, n'ont pas nécessairement un rapport avec la motivation.

La vie humaine résulte des actes moraux effectués dans des vies antérieures. La longévité, l'absence de maladie, être doté de qualités, la crédibilité et la force proviennent aussi de notre attitude morale d'existences précédentes (par exemple : sauver une vie ou offrir de la nourriture). La plupart de ces actes s'effectuent en lien avec les autres. Obtenir une vie favorable lors d'une prochaine renaissance est envisageable grâce aux êtres vivants, et sans elle, il n'y a pas de libération du cycle de l'existence. La sagesse de l'altruisme et l'exercice de l'absorption méditative s'acquièrent avec un travail personnel. Mais l'attitude morale n'existe qu'en relation avec les autres, il s'agit de ne pas leur nuire. En l'absence d'êtres vivants, accomplir des actes vertueux ou nuisibles est improbable. Les renoncements vertueux à tuer, à voler ou à avoir un comportement sexuel déréglé n'ont aucun sens si l'on est seul. Sans les autres, ces vertus fertiles en conséquences positives sont irréalisables.

Il est bien évident que la réalisation de la bouddhéité repose sur les autres, puisque cet état mental se caractérise par les pratiques d'un amour chaleureux, de la compassion, de la motivation altruiste de devenir éveillé, qui découlent de la prise de conscience de la souffrance d'autrui et de la volonté profonde de leur offrir de l'aide et du bonheur. Nous devons avoir autant de respect pour le Bouddha et ceux qui souffrent. Shantideva dit :

> Les êtres qui vivent et le bouddha se ressemblent
> Puisque chacun peut réaliser les qualités d'un bouddha.
> Face à cette situation, comment ne pas les respecter,
> Comme vous le faites pour Bouddha ?

Ce point de vue met en exergue les contributions bénéfiques que vous ont offertes les autres. Que cela soit ou non délibéré, ils vous ont aidé directement ou indirectement.

Pour cultiver l'amour chaleureux et la compassion, les ennemis sont très précieux. Les sentiments d'amour et de compassion sont anéantis par la colère, et ce qui l'annihile est finalement la patience. Dans cette perspective, ces sentiments sont véritablement inestimables. Ainsi, il est de plus en plus avéré que les êtres vivants, à travers l'espace, ont été bénéfiques directement ou indirectement, et même au cours de cette vie présente.

Vous allez protester en arguant que la cessation de la souffrance ne repose sur aucune motivation de nuisance et doit être valorisée, tandis qu'un ennemi souhaite nuire, et que ces deux situations ne sont pas comparables. Néanmoins, les médecins souvent doivent faire souffrir leurs patients durant un traitement, mais ils le font dans l'espoir de nous guérir, et non pour que nous cultivions aussi la patience. Un ennemi qui nous nuit, sans chercher à le faire, nous donne lui aussi cette opportunité. Dans ce cas, l'existence de l'intention de faire du mal offre un plus grand avantage que l'inverse. Il faut l'accepter, c'est plus profitable.

Ce qui est comparable en chacun de nous

Observons de quelle manière nous sommes semblables. Shantideva dit :

> Moi impermanent,
> Parmi les êtres impermanents,
> Éprouves-tu du désir ?
> Moi impermanent,
> Parmi les êtres impermanents,
> Éprouves-tu de la haine ?

Il n'y a aucune raison de se considérer comme le plus méritant et de négliger quelqu'un d'autre. Les uns et les autres, nous sommes tous plongés dans le cycle de l'existence, avec le poids de cette entité corps-esprit qui est née des émotions négatives et du karma. Vous et les autres allez vers la mort avec la présence grandissante de l'impermanence.

Prenons dix prisonniers qui vont être exécutés pour le même crime. Être plus proche de certains ou plus furieux contre d'autres n'a pas de sens. Ils vont tous mourir. La seule attitude convenable est la gentillesse et la patience vis-à-vis de chacun d'eux. Il serait stupide de vouloir distinguer celui-ci de celui-là. De même, puisque nous partageons un sort commun dans cette vie – les souffrances, l'impermanence et les émotions aliénantes –, à quoi sert de se focaliser uniquement sur soi et voir les autres comme moins dignes de considération !

Les désavantages de l'intérêt égotique et les avantages de chérir les autres

Réfléchissons maintenant sur les conséquences de se chérir soi-même plus qu'autrui. Shantideva souligne de manière elliptique :

> Sans échanger la recherche
> D'un bonheur personnel contre l'élimination de la souffrance des autres,
> Non seulement vous n'atteindrez pas la bouddhéité,
> Et, en plus, il n'y aura aucun plaisir dans le cycle de l'existence.

Au tréfonds de soi, l'égocentrisme doit être considéré comme une erreur. Jusqu'à maintenant, l'intérêt égotique et son associée, l'ignorance sont tapis au fond de notre cœur. Insecte ou dieu, cet intérêt égotique stimulé par l'ignorance forge notre attitude et notre volonté de rechercher un bonheur personnel en priorité. Les tentatives pour trouver ce bonheur ont finalement abouti à créer de la confusion.

Il est temps de percevoir l'inutilité d'un tel intérêt et de l'illusion de l'existence inhérente, ils sont déficients et préjudiciables. Abandonnez l'égoïsme pour chérir les autres. Laissez l'ignorance pour la sagesse qui réalise l'absence du soi. Shantideva dit :

> Que faut-il dire de plus ?
> Regardez la différence entre :
> Des personnes ordinaires qui agissent pour leur bien-être,
> Alors que le Bouddha agit pour le bien-être des autres.

En se tournant vers les autres, le Bouddha perfectionne son corps et son esprit. Il réalise autant son bien-être que celui des autres. Il atteint une félicité éternelle et l'aptitude la plus forte pour aider les autres. À l'inverse, en se chérissant soi-même, et en mettant au centre de ses perspectives l'illusion de l'inhérente existence, nous tombons dans la méprise.

Les enseignements de Bouddha ont permis d'entrevoir ce qu'il faut adopter ou rejeter dans nos points de vue ou notre comportement, et de comprendre l'aspect erroné de l'égoïsme, et le côté bénéfique de l'attention pour autrui. La croyance en l'existence inhérente doit être considérée comme erronée et destructive : elle est à l'origine de la souffrance. À la place, nous devons générer une prise de conscience de l'altruisme, puis le renforcer afin d'atteindre une puissance illimitée. Arriver à cela est difficile, mais avec la pratique, vous y parviendrez.

J'admets souvent n'avoir pas complètement réalisé la motivation altruiste d'atteindre l'éveil ni la perception de la vacuité. Mais je suis arrivé à la conclusion qu'il n'y a pas d'alternative. Au niveau de compréhension de l'absence d'existence inhérente où je suis, j'ai l'impression que l'apparence d'autonomie des êtres et des choses est irréelle. Et à partir de cette expérience, j'ai discerné que ces phénomènes étaient des illusions, en conflit entre leur apparence et leur réalité absolue. Bien que je n'aie pas atteint l'état de pleine réalisation, je perçois différemment les émotions négatives. Au début, j'ai trouvé l'altruisme difficile. Plus j'ai progressé, plus il était à ma portée, et je suis sincèrement devenu enthousiaste à l'idée de le pratiquer. Ma vie est devenue plus agréable. Je suis convaincu de son efficacité.

Avec l'expérience, les pratiques étudiées dans les étapes précédentes de la voie, qui ne sont pas complètement réalisées, se renforcent en puissance. La confiance dans les maîtres qui délivrent l'enseignement spirituel (appris au niveau initial de la pratique) s'accroît car vous comprenez la valeur de ce qu'ils enseignent, et vous appréciez leur bonté lors de l'application des enseignements sur la vacuité (inculqués aux niveaux intermédiaire et supérieur). Avec les progrès pour réaliser la vacuité, la prise de refuge en Bouddha, sa doctrine et la communauté spirituelle s'affirment. L'intention de ne pas gaspiller cette renaissance sous forme humaine se confirme. Et la contemplation de l'impermanence se renforce aussi. La réalisation de plusieurs pratiques antérieures s'effectue au moment où les pratiques ultérieures se mettent en œuvre.

Le développement de la motivation altruiste d'atteindre l'éveil se déroule selon un ordre précis. Un tel altruisme repose sur l'expression d'une grande compassion qui, à son tour, est précédée du mûrissement d'une intention à se libérer du cycle de l'existence. Dans ce cas, les pratiques récentes deviennent la base des plus anciennes. Et sans elles, les plus anciennes ne peuvent pas être totalement générées. Néanmoins, en fonction de l'expérience, de l'intelligence et des intérêts, d'autres formes de pratique sont proposées. L'ordre y est moins contraignant. Par exemple, lorsque vous méditez sur la transmigration défavorable dans le cycle de l'existence, en y associant l'idée qu'une telle vie est sous l'emprise de l'ignorance au regard des effets des actes ultérieurs. Cela appartient à des pratiques qui conviennent à une personne de capacité inférieure. Mais si vous y réfléchissez sous l'angle que l'ignorance de la nature des choses est le moteur d'une telle vie, cela correspond à des pratiques qui conviennent à une personne de capacité moyenne.

Pour cette raison, lors de la pratique de la voie progressive, il est crucial de déterminer les étapes nécessaires à la réalisation méditative, à chaque niveau, et d'y acquérir de l'expérience. Mais au lieu d'attendre un épanouissement total chaque fois, il est souhaitable de poursuivre vers un niveau supérieur, pour accumuler leur potentiel. Comme l'on prend un cocktail de médicaments pour guérir d'une maladie. Cela sera probablement plus efficace.

Méditation contemplative

1. Prendre à cœur cette pensée :

Les êtres vivants, de toutes parts, sont semblables à moi, dans leur souhait de bonheur et du refus de la douleur. Nous voulons la joie et nous débarrasser de la souffrance. Par conséquent, de quel droit a-t-on du désir pour certains et de la haine pour d'autres ? Je dois réaliser le bonheur pour tous !

Puis tenez compte de ceci :

Les êtres vivants veulent uniquement le vrai bonheur, mais ne le possèdent pas. Peu importe à qui je dois penser dans les mondes du cycle de l'existence, ils agissent pour éliminer la souffrance omniprésente conditionnante. En fonction de cela, puis-je considérer Untel comme intime ? Puis-je considérer tel autre comme étranger ?

2. Imaginez dix mendiants, tous aussi indigents, et réalisez qu'il est sans fondement de préférer certains, plutôt que d'autres.

3. Imaginez dix malades, aux maladies comparables, comment pourriez-vous être plus amical avec certains et plus distants avec d'autres ?

La manière dont chacun vous a aidé

4. Pensez à l'aide que chacun vous a offerte. Les êtres vivants vous ont directement ou indirectement proposé de l'assistance qui a été profitable ; sans s'arrêter à leur motivation, ils ont été généreux envers vous.

5. Le bien-être dont vous disposez dépend des autres êtres vivants. Réfléchissez avec précision comment ils prennent part à vous fournir de la nourriture, des vêtements, une demeure, vos biens, ou encore comment ils interviennent dans vos relations amicales, et participent à votre réputation.

6. Cette vie présente résulte d'actes moraux des existences antérieures faits en lien avec d'autres êtres vivants.

7. La longévité, la bonne santé, les biens en quantité suffisante, la crédibilité et la force proviennent d'actes vertueux dans les vies antérieures.

8. Obtenir une future vie favorable repose sur les actes moraux réalisés à l'intention des êtres vivants.

9. La moralité se fonde sur l'idée de ne pas nuire aux autres. Ainsi, les autres sont indispensables. Sans eux, le moindre acte vertueux qui les protège de la nuisance est improbable. Le renoncement vertueux à ne pas tuer ne peut pas exister si l'on est seul, ni renoncer à voler, à avoir des comportements sexuels déréglés, comme s'engager dans d'autres attitudes vertueuses. Sans êtres vivants, pratiquer une vertu est impossible.

10. Puisque la moralité est la base ultime de l'absorption méditative et de la sagesse, la libération du cycle de l'existence repose sur les êtres vivants.

11. La réalisation de la bouddhéité est en lien avec les autres, les différentes pratiques de l'amour chaleureux, de la compassion et de la motivation altruiste d'atteindre l'éveil vous aident à y parvenir. Mais elles exigent une prise de conscience de la souffrance des êtres vivants afin que le sentiment généreux de leur offrir de l'aide et du bonheur surgisse du plus profond de votre cœur. Par conséquent, il

faut avoir autant de respect pour les êtres vivants que pour le Bouddha.

12. Les ennemis, en particulier, sont précieux pour cultiver l'amour chaleureux et la compassion car la colère les anéantit. L'antidote de la colère est la patience, mais elle n'est envisageable que face à l'action nuisible d'une personne. Les ennemis offrant une bonne opportunité pour pouvoir pratiquer la patience et la tolérance, ils sont inestimables, et même généreux.

13. À la différence d'un médecin qui fait souffrir son malade, mais dont le but est de le guérir, un ennemi vous nuit à dessein. C'est ainsi que l'ennemi fournit une chance de cultiver notre patience.

Rien ne justifie l'égocentrisme

14. Il n'a y aucune raison pertinente pour vous considérer comme la seule personne digne d'intérêt et de négliger les autres. Vous, comme les autres, êtes enfermé dans le cycle de l'existence, pris sous le fardeau de l'entité corps-esprit sous l'emprise des émotions aliénantes et du karma.

15. Vous, comme les autres, êtes confronté au changement imminent et à la mort.

16. Prenons dix prisonniers qui vont être exécutés pour le même crime. Être plus proche de certains ou plus furieux contre d'autres n'a pas de sens. Ils vont mourir. Le seul comportement convenable est la gentillesse et la patience vis-à-vis de chacun d'eux. Il serait stupide d'argumenter en faisant une distinction entre « vous » et « moi ».

17. Ainsi, tous, nous sommes sous l'influence de la souffrance, de l'impermanence et des émotions aliénantes.

En fonction de notre situation, pourquoi avoir autant de considération pour soi, considérer les autres comme indignes de vous ?

Les désavantages de l'intérêt égotique et les avantages de chérir les autres

18. Jusqu'à maintenant, l'intérêt égotique et son associée, l'ignorance, sont tapis au fond de notre cœur. Les tentatives pour trouver le bonheur n'ont abouti qu'à créer de la confusion. Il est temps de percevoir, au plus profond de vous-même, l'intérêt égotique comme erroné.

19. Il est temps d'abandonner l'égoïsme et de chérir les autres, de laisser l'ignorance pour la sagesse qui réalise l'inexistence du soi.

20. Plein de sollicitude envers les autres, Bouddha a atteint la perfection du corps et de l'esprit par le partage de son bien-être avec eux, la réalisation d'une félicité éternelle et la plus grande aptitude possible à aider autrui. Nous devons suivre son exemple.

21. Quoique cela soit difficile à atteindre, avec du temps et des efforts c'est à notre portée.

Voilà la méthode pour développer l'équanimité, le sens d'égalité avec les autres qui motive à offrir de l'aide et à apporter du bonheur à chacun où qu'il soit.

17

Percevoir la réalité

« Les émotions aliénantes sont vaincues
En éliminant l'ignorance. »

Aryadeva, *Quatre Cents Stances.*

Pour assister à des enseignements religieux, méditer ou autre, il vaut mieux affermir sa motivation intérieure auparavant. L'élan fondamental qui l'enclenche est la volonté d'éliminer rapidement les trois poisons que sont le désir, la haine et l'ignorance, sous leurs formes grossières et subtiles – et de refuser consciemment de les affronter ou de s'y opposer. Motivé, vous vous dirigez sur la voie de la libération du cycle de l'existence.

De surcroît, il faut aussi avoir la volonté de suivre le comportement des bodhisattvas et d'en avoir les actes. Au-delà de rechercher à vaincre les émotions destructives dans le continuum de votre conscience, vous vous efforcez d'aider les êtres vivants à éliminer leurs émotions aliénantes. Pour qu'ils obtiennent un bien-être ultime, la simple destruction des émotions négatives n'est pas satisfaisante, il faut aussi annihiler les forces condionnantes qui imprègnent l'esprit. Il est donc nécessaire d'accomplir un cheminement mental complet qui sert à purifier l'esprit : les pratiques du bodhisattva. Éclairé par l'altruisme enraciné dans l'amour chaleureux et la compassion, vous vous attachez à la pratique des six perfections : la générosité, la moralité, la patience, le courage, la concentration et la sagesse. Dans ce chapitre, nous nous concentrerons sur la pratique de la perfection de la sagesse.

Les deux procédés principaux

Bouddha, pour enseigner la vision pénétrante de la vacuité et suivant le niveau de progression mentale du pratiquant, a utilisé deux procédés. Les deux plus importants exégètes de ces deux méthodes sont Nāgārjuna et Asanga. Bouddha avait prophétisé leur venue. On les surnomme « les créateurs / ouvreurs de voie » parce que les descriptions méthodiques de leurs points de vue traduisent les paroles de Bouddha.

Nāgārjuna et Asanga ne se différencient pas en ce qui concerne les actes illimités de la compassion (même si Asanga a été plus prolixe). En revanche, leur avis diverge sur la question de la vision pénétrante de la vacuité. Nāgārjuna est le plus grand théoricien de l'école de la Voie médiane. Quant à Asanga, il appartient à l'École de l'Esprit seul. Il me semble qu'une personne impartiale et sagace qui étudie leurs deux approches jugera celle de Nāgārjuna plus convaincante. Car l'analyse du point de vue de l'école de l'Esprit seul proposée par Asanga fait apparaître des contradictions.

Selon l'école de l'Esprit seul, seule la conscience existe. En effet, pour ce courant de pensée, l'apparence des objets externes n'est pas réellement fondée, ce qui aide a fortiori à affaiblir notre attachement. Cependant, minimiser l'importance des sensations si concrètement vécues est compliqué. Cela revient à considérer que les sensations de plaisir ou de douleur pourraient exister telles qu'elles se manifestent dans le mental.

Pour Nāgārjuna, de l'école de la Voie médiane, tous les phénomènes mondains ou mentaux sont vides d'existence inhérente. Ainsi, peu importe ce que nous considérons – les conceptions mentales comme les formes visibles, ou encore notre propre esprit –, rien n'existe selon la nature de l'apparence. La pensée plus profonde de Nāgārjuna, de l'école de la Voie médiane, contribue ainsi à neutraliser les idées fausses et à nous sortir de la confusion qu'elles ont générée.

L'antidote à l'ignorance

Les convictions erronées suscitent la souffrance. Pour se délivrer de cette ignorance, l'émission d'un simple vœu ne suffit pas. Il faut s'y opposer afin de l'éliminer. Les forces des émotions destructives comme le désir peuvent s'affaiblir temporairement, grâce à la méditation conceptuelle, par exemple. Pour éliminer la conception erronée de la nature des choses, nous devons générer la sagesse qui annihile les erreurs conceptuelles de l'ignorance. Pour cela, il faut générer une perception particulière discriminante qui réalise la vérité de l'inexistence du soi. L'origine du problème disparaît à l'aide de la sagesse qui est l'antidote de l'ignorance.

LE MÉCANISME DE L'ERREUR CONCEPTUELLE

Observons le processus de formation de la méprise conceptuelle qui est la source du cycle de l'existence. Quelle est l'ignorance majeure ? C'est de croire que les choses sont comme elles apparaissent, qu'elles sont autonomes, indépendantes de la pensée. L'ignorance nous interdit la vision de la réalité : les choses sont vides du statut qu'elles semblent posséder. Les convictions erronées détruisent notre bien-être et celui des autres.

L'erreur conceptuelle d'une entité corps-esprit ayant une existence inhérente provoque une vision erronée du « moi » comme possédant une nature intrinsèque. Puis, des actes incorrects sont commis, qui ensuite provoquent renaissances et aléas. De cette manière, l'ignorance sur la réalité des phénomènes mentaux et physiques nous enchaîne dans le cycle de l'existence. Nāgārjuna dans *La Précieuse Guirlande des avis au roi* dit :

> Aussi longtemps qu'il y a une méprise sur la nature de l'entité corps-esprit,
> Aussi longtemps il y aura une méprise sur la nature du « moi ».
> Par surcroît, quand la méprise sur la nature du « moi » existe,
> Elle suscite des actes, qui engendrent la renaissance.

La mauvaise perception des phénomènes mentaux et corporels – comme s'ils avaient une existence inhérente – débouche sur la conception erronée du soi ou du « moi », perçus comme s'ils existaient intrinsèquement. Puisque ces deux manières identiques de mal interpréter la réalité sont, toutes les deux, à la source du cycle de l'existence, provoquant une foule de désirs et de haines. Quand Chandrakirti, par exemple, avance que les émotions aliénantes et les karmas naissent d'une mauvaise appréhension du « moi », il se réfère finalement à ces deux idées fallacieuses.

Deux formes d'absence du soi

Soyez attentif pendant ce petit exposé. En pensant que vous avez une existence inhérente, la perception du « moi » est fallacieuse car il semble autonome. L'instant est si bref entre la mauvaise interprétation de l'entité corps-esprit initiale et celle qui suit, du « moi », que cela laisse l'impression que la conscience qui conçoit une nature erronée du « moi » observe aussi les agrégats mentaux et corporels, mais il n'en est rien, elle n'est attentive qu'au « moi ».

Réfléchissez dans cette direction. Nous nous intéressons principalement à :

1. La personne, ou le « moi » qui agit, accumule le karma, et qui, en définitive, fait l'expérience du plaisir et de la douleur.

2. Les phénomènes que nous subissons.

Le bouddhisme, pour cette raison, fait une différence entre ce qui existe dans les personnes (cela est valable pour l'ensemble des êtres vivants) et les phénomènes. D'ailleurs, les personnes sont des phénomènes. Mais la distinction entre personnes et (autres) phénomènes est faite pour mettre l'accent sur l'importance de ces deux notions : d'un côté, la personne est celle qui accumule l'expérience, et de l'autre côté, le phonème est ce qui est vécu.

Dès que nous classons tout ce qui existe à l'intérieur de ces deux catégories, deux formes d'ignorance apparaissent clairement : la première, qui correspond à une perception erronée de la personne et de son existence inhérente ; et la seconde, qui correspond à une conception fallacieuse des autres phénomènes comme existant intrinsèquement. Elles sont l'ignorance.

Considérez que vous et les autres ont une existence inhérente sont deux erreurs conceptuelles, des conceptions erronées de la personne. Se tromper sur la nature de votre corps, comme celui des autres, du mental, des yeux, oreilles, etc., en pensant qu'ils ont une existence intrinsèque, est appelé la conception erronée des phénomènes. Cela s'applique aussi aux maisons, aux arbres, etc.

En fonction de ces deux catégories, l'absence d'existence inhérente des personnes est appelée la vacuité des personnes, et l'insubstantialité des autres choses, la vacuité des phénomènes. Chandrakirti dit :

> Le « soi » a le statut d'une entité qui n'a pas de lien avec d'autres choses – qui existe intrinsèquement. Son absence d'existence est la vacuité. La distinc-

> tion entre les phénomènes et les personnes montre que la vacuité est double : « la vacuité des personnes et celle des (autres) phénomènes ».

Entre ces deux vacuités, il ne faut pas rechercher des subtilités pour les différencier. Puisqu'elles sont chacune vides d'existence inhérente.

La nécessité d'analyser

Comment accepter ou refuser l'apparence ou la réalité ? N'y a-t-il pas un conflit entre l'apparence relative des choses et leur existence réelle ? Aujourd'hui, les physiciens des particules proposent une vision du monde différente de cette perception ordinaire que nous avons au quotidien. Par exemple, un pilier de pierre massif et ancien semble inamovible et solide. Voilà l'apparence qu'il donne, mais les particules qui le composent, si nous les observons, changent rapidement à chaque instant. L'apparence et la matière qui le composent sont divergentes. De tels conflits entre apparence et réalité ne sont pas rares en ce qui concerne les phénomènes ordinaires.

Allons plus loin dans l'analyse, si la manière dont les objets nous apparaissent ne nous convient pas et que nous recherchons leur vraie substance ; finalement, il ne reste rien de ce que nous désignons sous le terme d'objet. Face à ce conflit entre la réalité et l'apparence, la religion bouddhiste propose le principe de deux vérités. L'école de la Voie médiane définit les choses qui, sous leur forme apparente aux yeux des êtres vivants, visent à générer de l'aide, de la nuisance, de la douleur, etc., comme des « vérités relatives ». Elle analyse aussi les choses, au-delà de cette apparence, pour découvrir ce qui est désigné comme la « vérité absolue ». Un objet a un mode d'apparence basée sur une connaissance conventionnelle juste, et un mode de réalité absolue fondée sur l'analyse ultime.

Les personnes et les phénomènes existent vraiment, rien ne s'oppose à leur existence. Ils aident et nuisent. Ils se fondent sur la pensée. Mais, dès que nous entrons en interaction avec eux, nous ressentons quelque chose au-delà d'eux-mêmes. Par exemple, en disant « Votre chaise est là-bas », en la désignant, la chaise semble indépendante de la pensée émise ; elle paraît avoir ses qualités propres. Or, si elle apparaît comme étant autonome, avec l'analyse il devient de plus en plus manifeste qu'il n'en est rien. En observant les choses sous couvert de l'analyse, il est impossible qu'elles puissent exister avec cet aspect substantiel. Par conséquent, il semble y avoir un conflit entre l'apparence et la réalité. Leur substantialité apparente est due à une exagération de la pensée conceptuelle.

Cette distorsion de la réalité provient autant de la perception sensorielle que de la pensée. À cause des exagérations profondément ancrées dans nos esprits, les sens perçoivent le phénomène sous une forme illusoire. Et cette illusion nous fait systématiquement conclure que les phénomènes sont autonomes. Un peu comme si nous considérions, réelles, les images de nos rêves. Dans ce processus mental vous donnez à une illusion une apparence de réalité, par l'octroi de certaines qualités résultant d'une réflexion excessive et négative. Cela génère un torrent d'émotions aliénantes.

L'ignorance innée

Depuis les insectes jusqu'aux formes les plus élaborées, les êtres vivants se partagent cette forme innée de l'ignorance – se tromper sur les personnes et les phénomènes en leur attribuant une nature autonome – qui est la racine causale du cycle de l'existence. Il est impossible qu'un concept erroné, *acquis* à travers les déductions de systèmes de réflexion inadéquates, puisse être la racine du cycle de l'existence. La racine doit toujours être valide quel que soit le système ou la réflexion, erroné ou non. Par exemple, souvent reprise dans les religions indiennes non bouddhistes, l'idée sophistiquée, mais fausse, qu'une personne possède les trois qualités de permanence, d'unité et d'autonomie est une notion acquise et non innée. Elle provient d'un système religieux qui a posé une assertion résultant d'une mauvaise analyse.

Des systèmes affirment que les minuscules particules qui forment physiquement un objet ne sont pas composées d'éléments de base. Or, s'il en était ainsi, un agrégat de particules ne pourrait pas dépasser la taille d'une particule. Les particules doivent reposer sur des éléments concrets puisque l'objet possède une dimension, aussi petit soit-il. Sinon, comment une particule pourrait-elle s'agréger à une autre ? Comment un groupe de particules pourraient-elles former une masse, comme les atomes composent la molécule ?

De même, des systèmes philosophiques avancent l'idée que le plus petit moment de la conscience n'est pas composé de différentes parties : ni début, ni centre, ni fin.

Mais là aussi, si un moment de conscience ne peut pas se diviser en parties, comment plusieurs moments pourraient-ils composer le flux de la conscience ? Le continuum de la conscience ne pourrait pas exister.

De telles idées apparaissent chez des personnes qui ont été éduquées dans un système d'enseignement erroné. Elles n'apparaissent jamais chez des personnes non éduquées. Cette forme d'ignorance générée artificiellement ne peut pas être la racine du cycle de l'existence qui nous renferme tous. Il est préférable que le facteur-racine problématique soit cette sorte de méprise qui a toujours existé chez les êtres vivants, qu'ils soient éduqués ou non. L'ignorance doit être innée, tandis que ses autres formes sont artificielles dans le sens où elles sont acquises par l'éducation. L'ignorance innée se réfère, dans ce cas, à une compréhension de chaque objet, personne ou autre phénomène, qui entérine leur apparence comme s'ils existaient indépendamment, vraiment, de manière ultime, sans conflit entre leur aspect externe et leur réalité.

L'objcctif de cultiver la vision pénétrante de la réalité grâce à la méditation est d'atteindre la libération. Et puisque l'ignorance innée est ce qui emprisonne les êtres dans le cycle de l'existence, les formes artificielles de l'ignorance élaborées sur cette ignorance de base ne sont pas au cœur de nos préoccupations. Ce qu'il faut arrêter, ce sont les idées innées qui sont à la racine de tous les problèmes. Quand elles cessent, les concepts erronés acquis intellectuellement sont systématiquement éliminés. En définitive, l'élimination des erreurs générées artificiellement est utile pour atteindre ce but.

Voir chaque chose comme une illusion

Quand, avec l'analyse méditative, vous parvenez à comprendre l'absence d'existence inhérente, ou la vacuité, vous réalisez intérieurement pour la première fois que le « soi » et les autres phénomènes sont erronés. Ils apparaissent comme concrets, mais il n'en est rien. Vous commencez à voir les phénomènes *comme* des illusions, c'est-à-dire à reconnaître l'apparence des phénomènes, tout en comprenant qu'ils sont vides d'exister de la manière où ils apparaissent. Comme les physiciens qui distinguent entre ce qui est apparent et ce qui existe concrètement, il faut reconnaître qu'il y a divergence entre l'apparence et le concret.

En découvrant divers bons et mauvais objets, il ne faut pas vous attacher à leur apparence, mais les regarder comme des illusions, pour éviter de tomber sous l'emprise d'émotions nuisibles comme le désir ou la colère. Si les objets sont perçus avec une nature inhérente, un aveuglement s'installe, et si l'objet est bénéfique, vous vous y attachez en pensant : « C'est réellement extraordinaire. » Dès que le désir s'amplifie, la colère surgit contre tout ce qui freine votre jouissance. Maintenant, si l'objet est considéré comme une illusion sortie d'un tour de magicien, il semble exister intrinsèquement, mais il n'en est rien. Alors, au lieu d'appréhender l'objet comme quelque chose qui pourrait nuire à votre existence, pratiquez cet exercice, il vous viendra en aide. C'est crucial, car nous devons utiliser la pensée conventionnelle pour comprendre la réalité absolue du phénomène auquel nous sommes confrontés.

Voir les phénomènes comme des illusions est indispensable pour passer à leur analyse et savoir s'ils existent vraiment selon leur apparence. L'analyse n'est pas du domaine de la conviction, par conséquent elle exige que l'examen se fasse selon différents points de vue. Pour l'accomplir, avoir confiance en des gens avisés est souhaitable, mais cela ne signifie pas que vous leur accordez une foi inconditionnelle. La confiance signifie les écouter régulièrement et avec attention, en évitant d'être distrait par des considérations extérieures comme leur façon de s'exprimer ou d'écrire, puis d'appliquer les enseignements dans votre continuum mental.

Il faut développer trois degrés de sagesse :

• d'abord, la « sagesse née de l'audience », c'est d'avoir la capacité de reconnaître parfaitement les enseignements, en lisant ou en écoutant, le commentaire de quelqu'un d'autre ;

• puis, la « sagesse née de la pensée », c'est développer une confiance en s'engageant dans la réflexion analytique sans cesse, au point où vous restez résolu si une personne essaie de vous en dissuader ;

• et, enfin, la « sagesse née de la méditation », elle provient de la pratique méditative répétée au point où elle est appliquée avec la plus grande conviction.

Méditation contemplative

1. Tous les phénomènes, externes ou internes, sont vides d'une véritable apparence, vides d'existence inhérente.
2. Peu importe ce que nous considérons – les formes visibles, les sons, les odeurs, les goûts et le toucher, ou encore, votre propre esprit qui les observe – comprenez que ces formes sont vides d'existence intrinsèque et qu'elles n'existent pas selon la nature de leur apparence.
3. Pour éliminer l'ignorance, il faut générer la sagesse qui est son opposé.
4. À l'origine, l'entité corps-esprit est mal appréhendée, elle est perçue comme ayant une existence inhérente, ce qui entraîne une conception erronée du « moi » comme possédant lui aussi une nature intrinsèque. Cela suscite ensuite des actes incorrects qui vont provoquer d'autres renaissances et plus de souffrances.
5. Reposant sur le fait que nous sommes principalement intéressés par (1) la personne, ou le « moi » qui agit, accumule le karma, et qui, en définitive, fait l'expérience du plaisir et de la douleur ; et par (2) les phénomènes que nous subissons. Nous pouvons distinguer deux formes d'ignorance : une qui correspond à une perception erronée de la personne et de son existence inhérente ; et l'autre qui est une conception fallacieuse des autres phénomènes comme existant intrinsèquement.
6. En vérité, les personnes existent, mais sans existence inhérente, cela est appelé la vacuité des personnes ; quand elle touche les autres phénomènes comme les yeux, les oreilles, le corps, le mental, les montagnes et ainsi de suite,

cela est appelé la vacuité des phénomènes. Ces deux vacuités sont tout aussi subtiles.

7. Il est nécessaire de distinguer le phénomène, tel qu'il nous apparaît, de son existence réelle.

8. Les personnes et les phénomènes dépendent de la pensée. Mais, dès que nous sommes en interaction avec eux, nous ressentons quelque chose de plus, d'autonome, d'indépendant de la pensée, comme possédant leurs propres qualités.

9. Avec l'analyse, ce qui apparaît comme concret et autonome devrait l'être de plus en plus, mais il n'en est rien. Vous ne trouvez rien de substantiel. Et si vous approfondissez encore l'analyse, il ne reste finalement rien de ce qui devrait être l'objet.

10. Sur le plan sensoriel, les phénomènes apparaissent comme concrets en raison d'anomalies mentales. Et à cause de cette apparence, systématiquement, nous concevons que les phénomènes existent et sont autonomes, comme si nous prenions les images de nos rêves pour la réalité. Une apparence non fondée est considérée comme véritable. Puis, notre pensée négative et excessive lui attribue beaucoup d'autres qualités, qui vont susciter un grand nombre d'émotions aliénantes.

11. Face au conflit entre réalité et apparence, l'école de la Voie médiane parle d'entités qui créent aide, nuisance, douleur, etc. Elles sont appelées « vérités relatives ». Puis, elle parle de la réalité au-delà des apparences, qu'elle désigne comme la « vérité absolue ». Dans un objet, votre corps par exemple, l'apparence est perçue par la connaissance conventionnelle juste, et son mode d'existence est déterminé par l'analyse ultime.

12. L'ignorance innée est une compréhension de chaque objet, personne ou autre phénomène qui entérine leur apparence comme s'ils existaient de manière inhérente, selon leur propre nature, leur propre réalité, leur propre mode d'existence, véritablement, absolument, sans conflit entre leur aspect externe et leur réalité.

13. Au moment où, avec l'analyse méditative, vous parvenez à réaliser la vacuité de l'existence inhérente, vous comprenez que vous et les autres phénomènes existent apparemment d'une façon qui ne reflète pas la réalité. Vous percevez les phénomènes comme des illusions, avec une divergence entre leur apparence et la véritable réalité de leur existence.

14. Percevoir les personnes et les choses, prises dans une divergence entre leur apparence et leur réalité, comme les illusions créées par un magicien, vous met à l'abri de l'emprise des émotions négatives.

15. Pour voir les phénomènes comme des illusions, il faut d'abord les analyser pour savoir s'ils existent réellement selon leur apparence.

18

La voie de l'analyse

> « Ceux qui apparaissent en état de dépendance
> N'existent pas selon leur propre nature. »
>
> Bouddha.

Ce chapitre résume les différentes méthodes d'analyse sous forme d'une série de méditations contemplatives qui initient à la pratique de la méditation sur la vacuité.

Méditation contemplative

Considérez que :

1. Vous êtes responsable de tous vos ennuis.
2. Par conséquent, il est préférable de travailler d'abord à rechercher votre véritable nature.
3. Quand cela sera réalisé, vous pouvez l'appliquer au mental, au corps, à la maison, à la voiture, à l'argent et à l'ensemble des phénomènes.

Premier point : maîtriser le soi pour y croire fermement

1. Imaginez qu'une personne vous reproche une chose que vous n'avez pas faite et dise l'index pointé vers vous : « Tu m'as détruit ! »

2. Observez votre réaction. Quelle impression avez-vous du « moi » dans le mental ?

3. De quelle façon l'appréhender ?

4. Constatez que le « moi » apparaît comme indépendant, instauré de lui-même, fondé sur sa propre nature.

Deuxième point : faire des choix

1. Analysez si le « moi », qui est instauré intrinsèquement dans l'entité corps-esprit, peut avoir une nature différente de l'entité corps-esprit ou en être séparé.

2. Décidez que, selon son apparence, si le moi a une nature inhérente, alors il doit ne faire qu'un avec l'entité corps-esprit ou être distinct.

Troisième point : analyser l'unicité

Pensez aux conséquences si le « moi » est indépendant comme il s'inscrit dans le mental, dans le cas où il *se confondrait* avec l'entité corps-esprit :

1. Le « moi » et l'entité corps-esprit pourraient avoir complètement une nature commune.

2. Dans ce cas, affirmer que le « moi » a une existence propre ne rime à rien.

3. Il serait impossible de penser à « mon corps », « ma tête » ou « mon esprit ».

4. Dès la disparition du corps et de l'esprit, le soi n'existerait plus.

5. Puisque le mental et l'esprit sont pluriels, alors les « soi » de la personne sont multiples.

6. Puisque le « moi » est unique, le mental et le corps ne devraient faire qu'un.

7. Puisque le mental et le corps sont engendrés et se désintègrent, cela devrait signifier que le « moi » se forme et se désintègre intrinsèquement. Dans ce cas, jamais les effets favorables des actes vertueux et les conséquences douloureuses des actes nuisibles n'arriveront à maturation. Et nous aurions ainsi à supporter les effets d'actes dont nous ne sommes pas les auteurs.

Quatrième point : analyser la différence

Pensez aux conséquences, si le « moi » instauré indépendamment comme il s'inscrit dans le mental, au cas où il serait *différent* de l'entité corps-esprit :

1. Le « moi » et l'entité corps-esprit devraient être complètement séparés.

2. Dans ce cas, le « moi » devrait pouvoir être décelé dès que le mental et le corps sont écartés.

3. Le « moi » ne saurait être instauré, demeurer ou se désintégrer. Ce serait absurde !

4. Absurde l'idée que le « moi » pourrait être juste une invention de l'intellect ou être permanent.

5. Absurde l'idée que le « moi » pourrait n'avoir aucune caractéristique corporelle ou mentale.

Aller vers une conclusion

1. Lors de l'exercice du premier point, si vous avez ressenti plutôt intensément que le « moi » est indépendant et qu'à l'ordinaire, vous acceptez cette apparence en agissant en fonction de cela, alors avec l'analyse, vous comprendrez que ce « moi » est infondé.
2. Quand cela se produira, maintenez fermement la conscience de l'absence, de la vacuité de l'existence inhérente d'un tel « moi », afin d'assimiler le sens de la vacuité centrée sur l'absence de nature inhérente.

Se voir comme une illusion

1. Puis, laissez votre apparence et celle des autres envahir de nouveau le mental.
2. Rappelez-vous quand vous confondiez une personne avec son image réfléchie dans un miroir. L'image n'avait que l'apparence de la personne.
3. Ainsi, les gens et les choses semblent exister indépendamment des causes et conditions, corporellement et par la pensée, mais il n'en est rien. Les gens et les choses sont aussi des illusions.
4. Réfléchissez sur l'observation suivante : dès que vous agissez, dans le champ de la production conditionnée, le karma s'accumule, et ainsi vous êtes confronté aux effets de vos actes.

5. Considérez l'observation suivante : l'apparence des gens est concevable en l'absence d'existence inhérente.

6. Lorsque le fait d'exister et la vacuité apparaissent comme contradictoires, reprenez l'exemple de l'image dans un miroir :

> L'image dans un miroir est produite sans conteste en rapport avec un visage et un miroir. Même si l'image est vide d'yeux, d'oreilles, etc., elle semble en posséder. Et l'image disparaît indéniablement si le visage ou le miroir est absent.
>
> Ainsi, si une personne n'a même pas une particule d'existence inhérente, rien ne lui interdit d'accomplir des actes, d'accumuler du karma, d'en vivre les effets, et de naître en relation avec le karma et les émotions destructives.

7. Essayez de trouver une absence de contradiction entre le fait d'exister et la vacuité en ce qui concerne les gens et les choses.

Alterner la méditation analytique et la stabilisation méditative

Quand vous analysez, la conscience entière doit rester focalisée sur l'objet dont elle scrute la nature, pour éviter que la pensée ne s'égare vers d'autres. Il ne faut jamais l'oublier. Au cours de la recherche analytique, utilisez l'introspection si vous êtes sur le point d'être distrait. Et au cas où, changez de pratique en utilisant la stabilisation méditative, pour vous concentrer seulement sur le sens trouvé lors de l'analyse. La concentration revient alors en force.

Le but est d'obtenir un équilibre inébranlable pour que

l'analyse méditative puisse aussi produire un mental stable et absorbé, ainsi qu'une souplesse mentale et physique. À plusieurs reprises, changez de l'une à l'autre, de la stabilisation méditative (1) qui consiste juste à se focaliser sur un seul objet, à la méditation analytique (2). Vous parviendrez à un niveau où les deux méthodes de méditation se valorisent mutuellement. Puis, dans la phase de stabilisation, vous serez capable d'entrer dans une analyse intense, qui déclenchera une stabilité encore plus grande.

19

La bouddhéité

«Au moment où vous essayez de réfléchir
À ce que vous pourriez faire d'utile pour vous,
Aussitôt vous devez penser
À ce que vous pourriez faire pour les autres.»

Nāgārjuna, *La Précieuse Guirlande des avis au roi.*

Jadis, en considérant l'état du monde à travers le temps, des humains ont dû perdre espoir dans ce qu'ils auraient voulu accomplir grâce à leurs capacités ; ils étaient vaincus et brisés par le découragement. À ce moment-là, ils en vinrent à croire à ce qui est invisible à la perspicacité de l'œil, et placèrent ainsi leur espoir dans quelque chose hors du champ de la vision normale. Voilà probablement comment se sont développés les premiers groupes religieux.

À un moment opportun du progrès de la pensée humaine, Bouddha est apparu en Inde, après avoir exercé pendant des vies les pratiques altruistes du bodhisattva. Selon l'autobiographie du Bouddha Shakyamuni, telle qu'elle est connue dans le monde entier, il est né dans une famille royale qui chercha à le protéger de la vision des souffrances du monde. Mais le prince réussit à croiser les ravages de la vieillesse, de la maladie et de la mort. Il décida de se mettre en quête de techniques pour se libérer de ces souffrances, et il expérimenta celles qu'il trouva. À vingt-neuf ans, il s'enfuit du palais et délaissa les habits princiers de sa lignée royale, abandonna sa vie de famille et coupa ses cheveux. Pendant six ans, il se plia à l'ascétisme pour atteindre un état de concentration méditative, et finalement devint éveillé sous l'arbre de la Bodhi à Bodgaya.

Bouddha resta silencieux sur ce qu'il venait de réaliser pendant quarante-neuf jours. Mais il recherchait les disciples appropriés à qui transmettre son expérience. Il en choisit cinq qui reçurent son enseignement sur les quatre nobles vérités. Puis, après quarante-cinq ans d'enseignement, il s'est paré des qualités qui marquèrent son passage au nirvana à l'âge de quatre-vingt-un ans.

Son enseignement, qui émane des quatre nobles vérités, fut dévoilé à un moment crucial de l'histoire humaine. Ses idées étaient tellement pertinentes et pleines de sens qu'une religion exceptionnelle – qui repose sur les quatre vérités – est apparue pour s'épanouir jusqu'à nos jours. Les êtres humains de la terre entière, qu'ils soient bouddhistes ou non, savent qu'une personne du nom de Bouddha Gautama est louée pour ses éclaircissements uniques et profonds sur la nature des êtres et des objets, et pour son enseignement afférent à la motivation altruiste de devenir éveillé, qui engage à chérir les autres plus que soi-même.

Les textes de sa doctrine mettent l'accent sur l'amour, la compassion et la motivation altruiste d'atteindre l'éveil (sous le nom de Grand Véhicule). Ils présentent des pratiques que Bouddha a expérimentées, vie après vie, pendant trois périodes d'innombrables éons, pour parachever l'accumulation du mérite et de la sagesse, afin d'atteindre la perfection. Si le résultat de cette pratique altruiste effectuée sur si longue période était simplement un enseignement de quarante-cinq ans, comme l'histoire de la vie de Bouddha le présente, cela serait disproportionné par rapport à la finalité de l'éveil, qui exige une grande compassion pour aider un nombre incalculable d'êtres. À la fin de sa vie, lorsque Bouddha s'éteignit, si sa conscience s'est dissipée, comme certains l'affirment, cela serait sans rapport avec la doctrine, car le plein éveil a la singularité de rechercher à accomplir spontanément le bien-être des autres, sans effort, aussi longtemps que l'espace existe.

Bien sûr, si nous pensons que le continuum de la conscience, dont la nature est lumière et connaissance, ne saurait être rompu, nous pouvons comprendre que cela est impossible. L'esprit clairvoyant étant né d'un mental erroné, avec l'élimination progressive de la méprise, ce mental pénétrant et cognitif devrait lui aussi s'éteindre. Mais la clairvoyance et la conception erronée diffèrent totalement, quand la sagesse anéantit l'ignorance, rien ne s'oppose à la continuité de l'esprit fondamental. Si le mental éveillé venait à disparaître, cela serait alors contradictoire.

Réaliser tout en même temps

L'éveil n'est pas seulement une libération des émotions négatives, qui induisent le processus du cycle de l'existence, mais aussi l'élimination de tendances conditionnantes élaborées dans le mental par ces émotions aliénantes. La présence de ces subtiles tendances ou forces omniprésentes tapies dans le mental est perceptible : chaque fois que les phénomènes conventionnels apparaissent dans le mental, la vérité absolue n'est pas manifeste, et dès qu'elle l'est, ces phénomènes illusoires ne se forment pas. En définitive, bien que vous ayez atteint une profonde compréhension au point d'être en mesure de réaliser directement la vérité, au cours de cette profonde réalisation, les autres phénomènes n'apparaissent pas dans le mental. Mais, plus tard, au moment où un phénomène conventionnel surgit dans le mental, vous ne pouvez plus directement atteindre la vacuité. Plus exactement, vous devez faire alterner ces deux formes de réalisation – de la sagesse réalisant directement la vérité à la perception ordinaire des phénomènes et ainsi de suite.

Les bouddhistes appellent ce besoin d'alternance la « souillure de la perception des deux vérités comme si elles étaient deux entités séparées ». Quand cette souillure mentale est purifiée, une seule conscience appréhende le phénomène conventionnel, tout en réalisant la vérité absolue. Il est alors possible de connaître en un instant toutes choses, la variété des phénomènes et leur mode absolu d'existence, la vacuité. C'est l'omniscience.

Lorsque que vous avez vaincu les émotions aliénantes qui empêchent la libération du cycle de l'existence, mais aussi ces souillures plus subtiles, à ce moment-là, le « grand éveil » d'un bouddha est atteint. Une purification complète des sources de l'ensemble des problèmes et la pleine compréhension de la connaissance.

Le pouvoir de l'éveil

Selon les textes sacrés du Grand Véhicule, lorsque les souillures mentales sont purifiées, vous possédez les pleines capacités pour faire aboutir votre propre développement et celui des autres. Puisque que vous avez dépassé l'obstacle qui vous forçait à alterner entre la réalisation directe de la réalité absolue de la vacuité et l'attention portée aux autres phénomènes, l'ensemble des problèmes est alors éliminé. Et vous pouvez atteindre l'omniscience. Maintenant, spontanément, vous pouvez apporter du bien-être aux autres. À travers d'innombrables éons, vous avez pratiqué uniquement pour aider les autres, et maintenant cette aide touche la totalité des êtres sans effort.

Depuis les origines, votre mental est vide d'existence inhérente, et dorénavant, purifiée de ces souillures, cette vacuité de l'esprit est appelée le corps de l'essence de Bouddha. Le mental qui contenait autrefois simplement les *semences* des qualités de la bouddhéité est désigné maintenant par l'expression « corps de sagesse d'un bouddha ».

Durant un temps incalculable d'éons, vous avez pratiqué résolument au profit des autres, avec cet altruisme décrit dans la prière votive :

> Puis-je à chaque instant
> Être disponible pour l'amour des autres
> Comme la terre, l'eau, le feu, le vent, les remèdes
> Et les forêts sont disponibles pour tous.

Le résultat de ce puissant développement de la volonté altruiste a provoqué la maturation de vos capacités mentales intrinsèques, si bien que l'esprit et le corps se confondent en une entité unique. Le mental le plus subtil et l'énergie qui le porte ne se distinguent plus, même dans la vie ordinaire. Et maintenant, dans l'état pur de l'accomplissement de la voie, l'entité unique de base formée du mental subtil et de son énergie vous permet de vous manifester de façons diverses, de la manière la plus adéquate pour aider les autres. Une forme, parmi celles que vous pouvez adopter, est le « corps de pleine jouissance » qui correspond à la prière votive émise ci-dessus, soit la volonté de demeurer, aussi longtemps que l'espace existe, pour soulager les souffrances des êtres à l'aide de pratiques altruistes réservées aux pratiquants de capacité supérieure. Le corps de pleine jouissance est également apparu à un moment important de l'histoire du monde sous forme de « corps de suprême émanation » pour enseigner la voie de l'éveil. Le Bouddha Shakyamuni était juste un tel être.

Au Tibet, en Chine, à Taïwan, au Japon, en Corée et au Vietnam, les adeptes du Grand Véhicule, et plus précisément du mode d'enseignement de Nalanda, premier centre universitaire bouddhiste en Inde, énoncent le principe des quatre corps de Bouddha : le corps d'*essence-même*, le corps de sagesse, le corps de pleine jouissance et le corps d'émanation. Ils proposent aussi trois entités, les deux premiers corps se regroupant sous le « corps absolu des attributs ». Dans ces pays, nous disons que notre maître, le Bouddha Shakyamuni, est apparu il y a plus de 2500 ans en Inde, mais qu'il était déjà éveillé depuis longtemps. Il est né dans ce monde sous forme d'un corps d'émanation suprême, comme il est apparu, à des moments idoines et semblables, dans une myriade de mondes, en rapport avec les inclinations et les intérêts des êtres vivants.

Ces phénomènes peuvent se manifester de différentes façons, sous la forme d'un pont ou d'un navire si besoin, ou encore, d'un chef spirituel, autre que bouddhiste, qui enseigne l'amour, la compassion, la tolérance et la félicité. Ainsi, du point de vue bouddhiste, beaucoup de personnalités d'autres religions peuvent être des émanations de bouddhas ou de bodhisattvas. Si les bouddhas peuvent apparaître sous forme de pont ou de navire, ils ont la possibilité de devenir des personnalités religieuses offrant des enseignements précieux aux millions d'êtres vivants. Ainsi, sous cet éclairage, et avec le sentiment profond que les religions du monde s'adressent utilement à différentes catégories d'individus, nous devons respecter l'ensemble des religions, car elles sont bénéfiques à la société.

Méditation contemplative

Considérez que :

1. Il est impossible que le continuum de la conscience, qui a une nature de lumière et de cognition, soit à jamais rompu. Si la sagesse sape l'ignorance, rien ne peut empêcher la continuité permanente de la conscience de base.
2. L'éveil est un état de libération, non seulement des émotions négatives induisant le cycle de l'existence, mais aussi des tendances conditionnantes élaborées dans le mental par ces émotions aliénantes.

3. Veillez aux tendances subtiles qui sont des forces latentes présentes dans le mental. Avant d'atteindre la bouddhéité, chaque fois que les phénomènes conventionnels apparaissent dans le mental, la vérité absolue n'est pas manifeste, et dès qu'elle l'est, ces phénomènes illusoires ne se forment plus.

4. Le besoin d'alternance est appelé la « souillure de la perception des deux vérités comme si elles étaient deux entités séparées ». Cet obstacle vous force à alterner la réalisation directe de la réalité ultime de la vacuité avec l'attention portée aux phénomènes du quotidien. Quand la souillure mentale est purifiée, une seule conscience appréhende les phénomènes illusoires, tout en réalisant la vérité absolue.

5. Il est alors possible de connaître en un instant toutes choses simultanément, la variété des phénomènes et leur mode absolu d'existence, la vacuité. C'est l'omniscience, le « grand éveil » d'un bouddha qui est purifié des origines mentales de l'ensemble des problèmes, la pleine connaissance de l'omniscience.

6. Cet état de pleine capacité est utile pour votre développement personnel mais aussi pour celui des autres. Vous avez éliminé tous les problèmes et atteignez l'omniscience. Cela signifie que vous pouvez apporter spontanément le bien-être aux autres.

7. Au stade de la bouddhéité, vous réalisez les quatre corps de Bouddha :

- Depuis les origines, le mental est vide d'existence inhérente, et dorénavant, purifiée des souillures, cette vacuité de l'esprit est appelée le *corps de l'essence même* d'un bouddha.

• Le mental qui, autrefois, contenait simplement les semences des qualités de la bouddhéité, est désigné maintenant sous le terme *corps de sagesse* d'un bouddha.

• Dans la vie ordinaire, le mental le plus subtil et l'énergie qui le porte forment une seule entité, et maintenant, dans l'état pur d'accomplissement de la voie, ce fait fondamental vous autorise à vous manifester de façons diverses, de la manière la plus adéquate pour aider les autres. Parmi ces formes, le *corps de pleine jouissance* en accord avec la prière votive émise de demeurer aussi longtemps que l'espace existe, pour soulager les souffrances des êtres à l'aide des entraînements altruistes réservés aux pratiquants de capacité supérieure.

• Le corps de pleine jouissance, à son tour, est apparu le moment venu dans une myriade de mondes sous différents *corps d'émanation* en rapport avec les inclinations et les intérêts des êtres vivants ; il s'est aussi manifesté à des moments opportuns dans l'histoire du monde comme « corps de suprême émanation » pour enseigner la voie de l'éveil (le Bouddha Shakyamuni fut un tel être).

20

Révision des différentes étapes

Voici la série complète des exercices méditatifs pour accéder facilement à la culture de la voie de l'éveil.

NIVEAU INITIAL DE LA PRATIQUE

Reconnaître notre situation comme favorable

En considérant que :

1. Votre situation actuelle est très heureuse puisque rien ne vous empêche d'avoir une pratique religieuse, et que vous possédez des avantages favorables pour atteindre un développement spirituel supérieur.
2. Cette situation est rare.
3. Retrouver un tel avantage dans une prochaine vie réclame foncièrement de la moralité, de la générosité, etc., dans le but d'obtenir, dans la prochaine renaissance, une vie humaine favorable.

4. Les effets négatifs des actes non vertueux peuvent être atténués de quatre façons : en les dénonçant, en regrettant de les avoir commis, en s'engageant à ne plus les refaire, en se consacrant à des actes positifs comme se mettre, par exemple, au service de la communauté.

5. Les actes vertueux sont envisageables s'ils naissent de l'élaboration d'une bonne motivation, s'accomplissent avec une attention particulière, et en dédiant finalement la force qui s'en dégage à un éveil altruiste sans aucun regret.

6. Il est essentiel de cultiver une aversion pour les émotions destructives.

7. Pensez dans votre for intérieur :

Jour et nuit, je dois faire bon usage du corps qui est le mien, foyer de la maladie, à l'origine des souffrances de la vieillesse, et sans substantialité comme une bulle.

Reconnaître notre mortalité

En considérant que :

1. La permanence ou l'inconscience de la mort créent l'idée négative que vous allez exister pour longtemps. Cela conduit ensuite à avoir des activités anodines qui vous fragilisent, vous et les autres.

2. La conscience de la mort vous pousse à penser à la probabilité d'une renaissance future et vous montre l'aspect avantageux de cette vie. Cela vous engage à vous consacrer à des activités solidaires à long terme, et à refréner l'attrait pour ce qui est superficiel.

3. Pour avoir le sentiment de l'imminence de la mort, méditez sur la force des trois principes, neuf raisons et trois résolutions :

Premier principe : méditer sur l'idée que la mort est certaine

1. car la mort est inévitable,
2. car la durée de la vie n'est pas extensible et ne peut perdurer ne serait-ce qu'un peu,
3. car la vie malgré sa durée ne nous laisse que peu de temps pour pratiquer.

PREMIÈRE RÉSOLUTION : JE DOIS PRATIQUER

Deuxième principe : méditer sur l'incertitude de l'heure de la mort

4. car la durée de notre existence dans ce monde n'est pas définie,
5. car les causes de la mort sont multiples et celles de la vie rares,
6. car le moment de notre mort est une inconnue, notre corps est si fragile.

DEUXIÈME RÉSOLUTION :
JE DOIS PRATIQUER SANS ATTENDRE

Troisième principe : méditer sur l'idée que rien ne nous secourera au moment de mourir, sauf la pratique transformative

7. car au moment de la mort, les amis ne sont d'aucun secours,

8. car au moment de la mort, la richesse n'est d'aucun secours,

9. car au moment de la mort, le corps n'est d'aucun secours.

TROISIÈME RÉSOLUTION : JE VEUX ÊTRE DÉTACHÉ DES MERVEILLEUSES CHOSES QUI NOUS ENTOURENT

4. Assurez-vous de n'avoir aucun sentiment de profonde haine ou désir au moment de mourir, cela pourrait avoir de l'influence sur votre renaissance.

5. Si vous avez eu une vie où vous avez très souvent mal agi, si proche du trépas, il faut faire acte de profonde contrition pour ce que vous avez commis. Cela est utile pour la prochaine vie.

Penser aux vies futures

En considérant que :

1. Une chose substantielle comme votre corps dépend de causes et de conditions diverses. En définitive, une telle entité résulte d'un continuum de causes. Le corps est rattaché par le génome aux parents, sperme et ovule, qui provient, lui aussi, de leurs parents, et ainsi de suite.

2. La conscience dépend aussi de ses propres causes et conditions, ce qui prouve l'existence d'un continuum de causes responsable de la nature lucide et cognitive de l'esprit, qui résulte de vies antérieures.

3. Étant donné que les enfants d'un couple présentent

une grande variété de différences, il est probable que les prédispositions cognitives héritées d'existences antérieures sont actives dans cette vie.

4. Les souvenirs avérés sur des vies passées confirment la réalité du cycle des renaissances. Ils montrent que nous avons tous vécu d'autres existences, même si nous n'en avons plus le souvenir.

5. Le cycle des naissances n'a pas de commencement.

6. Comme le maître d'œuvre bâtit une maison, selon la doctrine bouddhiste le monde entier s'est façonné sous l'emprise des rémanences karmiques, héritées d'autres vies passées, sur une période de temps illimitée, des êtres vivants qui le peuplent.

7. Nos actes déterminent l'état dans lequel nous allons renaître, comme ils façonnent le monde dans lequel vivront en fonction du karma des êtres qui le peuplent.

8. Le lien de causalité entre les actes et leurs fruits demande réflexion pour pouvoir en comprendre l'ensemble des implications.

9. Pour vous refréner à commettre des actes (karmas) entraînant des effets négatifs sur une prochaine renaissance, visualisez mentalement les souffrances des êtres dans des positions déplaisantes, y compris des animaux, et imaginez-vous plongé dans une situation comparable.

10. Agissez pour éviter les dix actes non vertueux définis ci-après :

– trois actes non vertueux majeurs concernent le corps : tuer, voler, avoir un comportement sexuel déréglé,

– quatre actes non vertueux majeurs concernent la parole : mentir, calomnier, proférer des paroles grossières et se complaire dans les bavardages inutiles,

– trois actes non vertueux majeurs concernent l'esprit : la convoitise, la malveillance et entretenir des idées erronées.

Identifier le refuge

Réfléchissez à ces points de vue :

1. Se méprendre sur la nature des êtres et des choses comme étant inhérente génère encore plus de pensées erronées.
2. Les pensées erronées engendrent des émotions destructives comme le désir, la haine, l'inimitié, la jalousie, la belligérance et la paresse.
3. Ces émotions négatives induisent des actes (karmas) qui ont été souillés par ces mêmes émotions.
4. Ces actes laissent une empreinte dans le mental et conditionnent la souffrance au cours du cycle des renaissances.
5. Par conséquent, l'ignorance est la source du cycle des naissances, elle ne porte pas seulement sur la méconnaissance de la véritable nature des phénomènes, mais sur la notion erronée concernant l'aspect indépendant et intrinsèque des personnes et des objets, perçus comme des entités autonomes et indépendantes.
6. L'ignorance est déracinée avec la prise de conscience que les phénomènes sont des entités étroitement liées et interdépendantes.
7. Si les phénomènes existent vraiment tels qu'ils apparaissent, avec une nature autonome, alors qu'en définitive,

le lien de dépendance à d'autres facteurs est improbable. Seule l'expérience peut montrer que l'interdépendance est la vraie nature des choses.

8. Grâce à ce cheminement, vous comprenez que la perception du mental est erronée, parce qu'il attribue un statut exagéré aux personnes et aux choses. Elles n'ont pas cette essence.

9. Quand on comprend que l'attribution abusive d'un caractère vertueux ou nuisible à une personne déclenche en nous un sentiment de haine ou de désir envers elle, l'émotion induite par cette exagération disparaît. Vous prenez conscience de l'erreur commise et vous l'annihilez.

10. Le positif et le négatif, le favorable et le défavorable existent, mais ils n'ont pas cette apparence de réalité que semble leur donner un esprit empli de désir ou de haine.

11. Une fois le désir et la haine perçus comme des erreurs et que leur origine – la conception erronée que les phénomènes ont une nature autonome – se révèle aussi incorrecte, vous comprenez que la sagesse qui réalise l'interdépendance et la vacuité repose sur une connaissance juste.

12. Plus vous cultivez cette perspicacité, plus elle se renforce car elle est juste. Vous prenez conscience que l'éveil est possible.

13. Vous vérifiez au quotidien que la réflexion sur la vacuité et l'interdépendance apporte une perspicacité d'une grande aide, car elle a la capacité de se transformer en un discernement irréfutable de la vacuité, et parfois, en une perception directe de celle-ci. Avec un faible niveau de *pratique juste,* vous pouvez apprécier s'il y a des *gourous qualifiés* sachant offrir des *commentaires justes* des ensei-

gnements de Bouddha, les *écritures sacrées justes*. Ces quatre sources justes apportent une confiance dans la pratique de la bouddhéité, profonde et épanouie, aussi parfaite mentalement que physiquement.

14. Grâce à la réflexion sur la réalité de la production conditionnée et de la vacuité, vous devenez lucide sur votre aptitude à empêcher l'apparition de la moindre pensée destructrice, grâce à des prises de conscience spirituelles en conformité avec l'enseignement bouddhiste. Ceux qui, dans leur continuum de conscience, ont déjà pratiqué ces cessations et les voies, forment la communauté spirituelle. Et ceux qui ont atteint la perfection dans ce processus de développement de la conscience sont reconnus comme bouddhas. Dès que cela est clair dans votre esprit, la résolution de prendre refuge dans Bouddha, la doctrine et la communauté spirituelle s'impose avec raison.

15. Pensez à votre situation personnelle et méditez sur le fait que les êtres vivants dans l'espace veulent être heureux et refusent de souffrir, bien qu'ils soient nés sous l'emprise de la souffrance. À la recherche du plein éveil d'un bouddha omniscient dans la perspective de venir en aide aux autres, vous prenez refuge dans les Trois Joyaux. La doctrine révélée est le vrai refuge, le Bouddha est le maître du refuge et la communauté spirituelle est formée de ceux qui vous offrent leur soutien pour atteindre ce refuge.

Le karma

En considérant que :

1. Les plaisirs, petits ou grands, résultent d'actes vertueux. Les souffrances bénignes ou violentes découlent d'actes négatifs.
2. Fussent-ils anodins, les actes ont d'énormes effets.
3. Les trois actes négatifs du corps sont tuer, voler, avoir un comportement sexuel déréglé ; les quatre actes négatifs de la parole sont mentir, calomnier, proférer des paroles blessantes et se complaire dans le bavardage inutile ; et les trois actes négatifs de l'esprit sont la convoitise, la malveillance et les vues erronées.
4. Parmi les trois actes corporels non vertueux, tuer est plus grave que voler qui, à son tour, laisse une empreinte plus intense qu'un comportement sexuel déréglé. Parmi les quatre actes négatifs de la parole, mentir est plus grave que calomnier qui, à son tour, laisse une empreinte plus intense que la profération de paroles blessantes, bien plus défavorables que le bavardage. Quant aux trois actes négatifs de l'esprit, les vues erronées sont plus graves que la malveillance, qui laisse une empreinte plus intense que la convoitise. Un ordre similaire classe aussi l'influence positive des dix actes vertueux contraires, depuis l'abstention de tuer, et ainsi de suite.
5. D'autres facteurs interviennent sur la tonalité des actes vertueux ou non vertueux : l'intensité de la motivation, l'accoutumance, si l'acte est nuisible ou bénéfique à

des individus ou à un groupe de gens, et la volonté d'agir vertueusement au cours de la vie.

6. La tonalité des actes dépend de la manière dont ils ont été déterminés.

7. Les résultats des actes ont quatre aspects : le fruit ou maturation, qui affecte une nouvelle renaissance jusqu'à sa fin, le résultat conforme à la cause par la compréhension, le résultat conforme au pouvoir qui conditionne la personnalité, le résultat conforme au pouvoir qui conditionne l'environnement externe.

8. Une heureuse transmigration sous forme humaine est le résultat d'une maturation d'un karma vertueux. Une mauvaise transmigration sous forme animale, un fantôme famélique ou un être des enfers est le fruit d'un karma négatif. Attendu que les karmas, agrégats d'éléments qui donnent à la vie son statut particulier, sont soit vertueux, soit non vertueux.

9. Le karma à la tonalité la plus intense vient à maturation en premier, puis les empreintes karmiques élaborées au moment de la mort, et ensuite, les forces omniprésentes conditionnantes du karma, suivies des formations les plus récentes.

10. Les empreintes karmiques négatives entament leur maturation dès cette vie, surtout si les actes ont été accomplis avec un attachement exagéré au corps physique, aux biens et à la vie ; avec malveillance envers autrui ; avec aversion pour les personnes qui vous ont aidé, négligeant en retour la moindre bonté envers eux ; avec un grand ressentiment contre les sources du refuge, contre Bouddha, les enseignements et la communauté spirituelle. Les actes vertueux suivent un processus comparable et mûrissent dès cette vie,

s'ils ont été accomplis, en s'abstenant de s'attacher trop au corps, aux biens et à la vie ; avec une profonde compassion et bienveillance ; avec le profond souhait d'offrir en retour l'aide qu'on vous a offerte ; avec foi et confiance. Autrement, les effets karmiques ne seront éprouvés qu'au cours de la prochaine vie ou encore plus tard.

11. La force d'actes vertueux est affaiblie par la colère.

12. Le résultat d'un karma non vertueux peut s'accomplir, à moins qu'il soit contrecarré par les quatre forces : le remords sincère pour l'acte accompli, l'engagement dans des actions vertueuses avec le dessein de neutraliser l'impact de l'acte négatif, la résolution de ne plus recommencer dans le futur, et établir les fondements du refuge et de l'intention altruiste de devenir éveillé.

Niveau intermédiaire de la pratique

Voir le problème et y remédier

En considérant que :

1. Le corps et l'esprit sont sous l'influence des émotions destructives et des actes karmiques provenant des états mentaux négatifs qui enchaînent les êtres vivants à des états temporaires sous forme de dieux, de démiurges, d'humains, d'animaux, de fantômes faméliques et d'êtres des enfers.

2. Pour sortir de cette situation, il faut s'intéresser aux

émotions aliénantes en désactivant préventivement leurs empreintes qui se sont accumulées sous forme de karma, pour les empêcher de se manifester dans une nouvelle vie de souffrance. Les rémanences karmiques du continuum de la conscience seront alors inactives.

3. La libération est un abandon du fardeau de la vie, de cette entité corps-esprit sous l'influence des émotions aliénantes et du karma.

4. Il y quatre nobles vérités :

- Les phénomènes internes et externes élaborés à partir des émotions destructives et du karma sont les véritables souffrances.
- Les émotions aliénantes et les empreintes karmiques sont les véritables origines de la souffrance.
- La pacification des émotions aliénantes est la libération, ou la véritable cessation.
- Les méthodes pour éliminer et pacifier les émotions aliénantes forment la vérité de la voie de la cession.

5. Les deux premières vérités, la souffrance et ses origines, désignent ce que nous devons écarter. Les deux dernières, la cessation et la voie, soulignent ce à quoi il faut consentir.

6. Nous voulons le bonheur et rejetons la souffrance. Cela exige de *reconnaître* l'envergure de la souffrance pour pouvoir nous en libérer. En décidant de ne plus supporter des conséquences de la douleur, nous devons *abandonner* leurs causes, les émotions destructives, à l'origine de la souffrance. Pour terminer leur élimination, il faut *actualiser* la cessation de l'origine de la souffrance. Et pour cela, il faut *cultiver* la voie.

7. Sans l'expression d'une motivation sincère pour

échapper aux griffes de la souffrance, des forces omniprésentes conditionnantes dont les conséquences sont néfastes, l'état de pleine compassion demeurera hors de portée.

8. Les émotions négatives sont conflictuelles, désagréables, pénibles et perturbatrices.

9. Un désir contrarié entraîne la haine.

10. Nous sommes dans le trouble vis-à-vis de nous-même à cause de la conception erronée de la véritable nature des êtres humains, mais encore, en considérant ce qui est impur comme pur, de concevoir la douleur pour du plaisir, ou de voir dans l'impermanence du permanent.

11. Être né sous l'influence des émotions aliénantes et du karma signifie que nous avons tendance à produire des automatismes émotionnels, avoir du désir pour ce qui est beau, générer de la haine pour ce qui est laid et rester dans la confusion pour le reste.

12. Si la vieillesse s'abattait d'un seul coup, ce serait intolérable.

13. La maladie déséquilibre le fonctionnement harmonieux des organes du corps, et apporte des douleurs physiques qui finissent en tourments psychologiques, avec une perte de vitalité et une impossibilité de s'épanouir.

14. Nous souffrons à l'idée que la mort va nous séparer de nos merveilleux objets, de nos proches bienveillants et sympathiques amis, et nous apporter certains désagréments.

15. L'entité corps-esprit est le réceptacle de la souffrance présente (mûrissement des émotions aliénantes ultérieures et des empreintes karmiques) relative à la vieillesse, à la maladie, à la mort, de nos automatismes face à la souffrance ; et aussi, le creuset de nos souffrances futures.

16. Soumis à des prédispositions négatives, l'entité corps-mental suscite de la souffrance ; la vraie nature de l'entité corps-esprit correspond à une manifestation de la souffrance des forces omniprésentes conditionnantes.

17. Puisque douleur et plaisir résultent de causes et conditions, des techniques existent pour s'en libérer.

18. Des deux origines de la souffrance que sont les émotions aliénantes et les actes souillés, les émotions aliénantes (désir, haine et ignorance) forment la cause principale, et parmi ces émotions négatives, l'ignorance arrive en tête, car le désir et la haine naissent d'un statut exagéré donné à un objet, au-delà de sa vraie nature.

19. Armé de cette perception, l'ignorance peut être éliminée car aucune connaissance juste ne l'entérine. Vous vous décidez à maîtriser votre mental pour réaliser ce qui est défini sous le terme de cessation.

20. Les forces opposées indiquent que le changement est possible. Pour contrecarrer quelque chose, il faut d'abord identifier une force opposée, puis augmenter l'intensité de celle-ci, afin que la force contraire s'affaiblisse. Puisque la souffrance est provoquée par les émotions aliénantes, en adoptant des attitudes mentales contraires, le changement sera salutaire.

21. Parmi les voies qui mènent à la libération, la principale est celle de la connaissance directe de l'absence du soi (la vacuité de l'existence inhérente) car elle peut servir de véritable antidote à l'origine de la souffrance. Cette pratique spéciale de la sagesse demande des exercices de recueillement méditatif, qui, pour être effectifs, dépendent d'une conduite morale. Ainsi, la cessation de la souffrance

implique trois pratiques : conduite morale, absorption méditative et sagesse.

Les conséquences de l'impermanence

En considérant que :

1. Les choses formées à partir de causes évoluent à chaque instant.
2. Les causes qui créent un phénomène ont une inclination à la décomposition dès l'origine.
3. Les phénomènes impermanents sont complètement sous l'emprise des causes et conditions dont ils résultent.
4. Notre entité corps-esprit n'est pas autonome mais sous l'emprise de causes antérieures, en particulier l'ignorance. Il est donc sous le joug de la souffrance.
5. L'entité corps-esprit qui semble être autonome occulte ainsi la confrontation duelle entre l'apparence et la réalité.
6. La sagesse fait appel à la perception du phénomène comme vide d'une nature inhérente. C'est un moyen pour annihiler la conception erronée qui est issue de l'idée fallacieuse de l'indépendance des phénomènes.
7. Le développement de la sagesse ouvre la voie vers une paix au-delà des frontières de la souffrance, le nirvana.

Niveau supérieur de la pratique

L'altruisme

En considérant que :

1. Nous préférons lire les autobiographies d'auteurs motivés par l'altruisme plutôt que d'écouter les parcours de vie de personnes dont les agissements ont nui aux autres et provoquent la peur et l'appréhension.
2. Un bel état d'esprit intérieur vaut mieux que la beauté physique.
3. Vous êtes le seul à pouvoir parfaire votre mental.
4. Travailler à réaliser le bien-être des autres permet l'accomplissement du vôtre sur la voie.
5. Il ne faut pas vous désintéresser de votre développement personnel, mais arrêter de vous chérir égoïstement, ce qui provoque une concentration mentale dirigée presque exclusivement sur vous-même.
6. Le désir fait échouer le regroupement de ce qui est favorable pour vous-même, car ce sentiment est subjectif et absurde. Dans le désir, la sensation d'affection pour l'autre est négative, car nous laissons la haine, fût-elle infime, s'immiscer.
7. L'altruisme est un moyen particulièrement efficace pour rassembler des facteurs bénéfiques, car il agit en accord avec sa véritable nature d'indépendance, qui est le cœur de la relation sociale.
8. Le vrai bonheur et la véritable libération de la souf-

france ne se réalisent qu'avec une vue élargie, et non avec une perspective restreinte.

9. Dans la haine et le désir, votre perception est limitée. Se concentrer sur un élément particulier confine à un problème parmi d'autres, vous n'avez plus d'ouverture d'esprit.

10. Les émotions aliénantes ont besoin d'une cible précise pour se manifester : le soi existant, apparemment réel et véritable, autonome.

11. Plus la vision est élargie, plus grande est la capacité à construire quelque chose de positif ou de surmonter ce qui est négatif.

12. Se centrer sur soi est le problème; avoir de l'empathie pour les autres est la solution.

13. L'interdépendance est applicable à bien des champs d'activités car elle procure une vision holistique. L'altruisme est le portail à franchir pour avoir cette vue élargie.

14. Au moment où vous êtes seulement centré sur «je», la peur ou l'anxiété qui vous motive aliène le mental et provoque parfois des troubles physiques.

15. Le monde se transformera si chacun de nous modifie son état d'esprit; ce changement s'étendra d'individu à individu.

16. La voie qui conduit à un niveau supérieur de la pratique spirituelle ouvre vers le développement altruiste à un degré où la recherche de l'éveil afin de servir les autres devient, en fait, une motivation spontanée et profonde pour tout ce qui est entrepris.

Générer la grande compassion

Précepte de base : libérez-vous de vos préjugés dans vos relations avec les autres

1. Imaginez un ami, un ennemi et une personne neutre debout face à vous.
2. Intérieurement observez votre disposition mentale à l'égard de l'ennemi, de l'ami et de la personne neutre.
3. L'ennemi ne présente-t-il aucun attrait ? A-t-il agi contre vous ou des amis au cours de cette vie ?
4. L'ami est-il pleinement attirant ? A-t-il offert de l'aide, à vous ou à vos proches dans cette vie ?
5. La personne neutre ne présente-t-elle aucun de ces aspects ?
6. Considérez cela sur un laps de plusieurs vies, même si rien ne peut empêcher qu'un ennemi reste un ennemi, qu'un ami demeure un ami, ou qu'une personne persiste à être neutre dans cette vie-ci.
7. Concluez qu'il est en conséquence injuste de classer les uns et les autres en catégories distinctes en fonction de l'intimité, de l'indifférence et de l'animosité.
8. Regardez tous les êtres vivants comme similaires : ils veulent tous le bonheur et refusent la souffrance, comme vous-même. Réfléchir de cette façon renverse la partialité.

Premier précepte : reconnaître que chaque être a été une mère

En considérant que :

1. Dès que vous comprenez que la conscience a été produite par une cause de forme analogue, le continuum mental apparaît alors sans commencement.
2. Dès que vous percevez que le continuum de la conscience n'a pas de commencement, la personne fondée sur ce continuum apparaît comme n'ayant pas de début.
3. Dès que vous savez que la personne ou le « moi » n'a pas de début, vous prenez alors conscience de naissances incalculables.
4. En conséquence, rien ne peut infirmer dans le cycle de l'existence de la naissance et de la mort que vous n'êtes pas né à tel endroit ou sous différentes formes.
5. Les corps qui ont porté ces naissances sont de formes variées, sortis d'un ventre (humain ou animal) ou d'un œuf (d'oiseaux ou d'autres ovipares).
6. La plupart des nouveau-nés sortis d'un ventre ou d'un œuf réclament un être nourricier, qui en prend soin.
7. Alors, rien ne peut infirmer que chaque être personnellement n'a pas pris soin de vous dans le passé ou qu'il ne puisse pas le faire dans le futur.
8. Avec ce pressentiment fondamental, chaque individu est proche de vous, est un intime.

Deuxième précepte : être conscient de leur bonté

1. Remettez-vous en mémoire comment une mère ou une personne nourricière élève son enfant, qu'elle soit animal ou humain.
2. Mesurez comment un enfant – humain ou animal – place son destin dans les mains de la personne nourricière et lui donne son affection.
3. Réfléchissez à cette situation jusqu'à l'émergence d'un sentiment profond.
4. Prenez conscience que vos amis, à certaines périodes de ces vies innombrables, vous ont élevé de cette manière, vous reconnaissez alors leur bonté.
5. Prenez conscience que des personnes neutres, à certaines périodes de ces vies innombrables, vous ont élevé de cette manière, vous reconnaissez alors leur bonté.
6. Prenez conscience que vos ennemis, à certaines périodes de ces vies innombrables, vous ont élevé de cette manière, vous reconnaissez alors leur bonté.

En suivant cette méthode réflexive, vous prenez conscience progressivement des actes personnels de bonté que les êtres vivants ont eus envers vous.

Troisième précepte : leur rendre leur bonté

En considérant que :

1. Les êtres vivants maternels ont été généreux envers nous au cours du cycle des vies où nous subissons des douleurs physiques et mentales.

2. Ils sont aussi accablés par les actes qu'ils ont accomplis et qui engendreront de la souffrance dans le futur.

3. Par surcroît, ils ont des inclinations à commettre des actes qui susciteront encore plus de douleur.

4. Il serait inconséquent de ne pas leur rendre les effets de leur bonté.

5. La réciprocité la meilleure serait de les aider à réaliser cette stabilité de l'esprit, cette paix durable, la félicité de la libération du cycle de l'existence et la perfection mentale et physique absolue de la bouddhéité.

6. Imaginez concrètement :

Votre mère folle, aveugle, sans guide, trébuchant à chaque pas, et proche d'une falaise. Sur qui peut-elle compter pour l'aider, si ce n'est son enfant ? En qui peut-elle placer sa confiance ? Si l'enfant ne prend pas ses responsabilités pour la délivrer de sa terreur, qui le fera ? L'enfant doit s'assurer de sa sécurité.

Pareillement, la folie qui résulte des émotions aliénantes perturbe la paix de l'esprit des êtres vivants, des êtres qui vous ont élevé. Sans contrôle sur leur mental, ils sont fous, et perdent de vue le chemin pour une renaissance favorable, et les perspectives heureuses de la libération et de l'omniscience. Ils n'ont pas de maîtres qualifiés, un guide pour leur cécité. Ils sont paralysés, trébuchant à tout moment sur leurs méfaits. Ces êtres maternels perçoivent principalement l'obscurité du précipice du cycle de l'existence, et en particulier des terres de douleurs, ils comptent naturellement sur leurs enfants. Et les enfants doivent accepter la responsabilité de sortir leur mère d'une telle situation.

Imprégné par cette vision, entraînez-vous avec l'intention de leur retourner cette bonté que ces mères innombrables vous ont offerte, et aidez-les à se libérer de la souffrance et de sa limitation.

Quatrième précepte : cultiver l'amour

1. Imaginez votre meilleur ami devant vous, méditez à chacun de ces trois niveaux spirituels de l'amour chaleureux jusqu'à ce que vous le ressentiez profondément :
   - Cette personne souhaite le bonheur, mais elle en est démunie. *Comme cela serait* merveilleux si elle était touchée par le bonheur et ses causes.
   - Cette personne souhaite le bonheur, mais elle en est démunie. *Qu'elle soit* touchée par le bonheur et ses causes.
   - Cette personne souhaite le bonheur, mais elle en est démunie. *Je ferai tout* ce que je peux pour qu'elle soit touchée par le bonheur et ses causes.
2. Élargissez la méditation à davantage d'amis, un par un.
3. Imaginez une personne neutre devant vous, méditez à chacun de ces niveaux spirituels de l'amour chaleureux jusqu'à ce que vous le ressentiez profondément :
   - Cette personne souhaite le bonheur, mais elle en est démunie. *Comme cela serait* merveilleux si elle était touchée par le bonheur et ses causes.
   - Cette personne souhaite le bonheur, mais elle en est démunie. *Qu'elle soit* touchée par le bonheur et ses causes.
   - Cette personne souhaite le bonheur, mais elle en est

démunie. *Je ferai tout* ce que je peux pour qu'elle soit touchée par le bonheur et ses causes.

4. Élargissez la méditation à davantage de personnes neutres, une par une.

5. Imaginez votre ennemi le plus inoffensif devant vous, méditez à chacun de ces niveaux spirituels de l'amour chaleureux jusqu'à ce que vous le ressentiez profondément :

- Cette personne souhaite le bonheur, mais elle en est démunie. *Comme cela serait* merveilleux si elle était touchée par le bonheur et ses causes.
- Cette personne souhaite le bonheur, mais elle en est démunie. *Qu'elle soit* touchée par le bonheur et ses causes.
- Cette personne souhaite le bonheur, mais elle en est démunie. *Je ferai tout* ce que je peux pour qu'elle soit touchée par le bonheur et ses causes.

6. Élargissez la méditation à davantage d'ennemis, un par un.

Lorsque vous apprenez des nouvelles désastreuses comme des famines, des inondations ou des situations de pauvreté extrême, considérez que :

1. Ces êtres vivants sont comme moi, ils recherchent le bonheur et ont le droit de l'obtenir. Mais des événements extérieurs, et d'autres circonstances personnelles, les plongent dans la catastrophe.
2. Pensez : « Quelle terrible situation ! Puissent-ils avoir le bonheur ! »

Cinquième précepte : compassion

La compassion, comme l'amour chaleureux, est d'abord cultivée envers vos amis, puis les personnes neutres, et ensuite les ennemis. Méditez à chacun de ces trois niveaux spirituels de la compassion jusqu'à ce que vous la ressentiez profondément.

1. Imaginez votre meilleur ami devant vous et méditez sur ce qui suit :

   • Cette personne recherche le bonheur et veut s'affranchir de la douleur mentale ou physique, de la souffrance du changement et de la souffrance omniprésente conditionnante. *Comme cela serait bien*, si cette personne pouvait au moins se délivrer de la souffrance et de ses causes !

   • Cette personne recherche le bonheur et veut s'affranchir de la douleur mentale ou physique, de la souffrance du changement et de la souffrance omniprésente conditionnante. *Puisse-t-il ou elle* se délivrer de la souffrance et de ses causes !

   • Cette personne recherche le bonheur et veut s'affranchir de la douleur mentale ou physique, de la souffrance du changement et de la souffrance omniprésente conditionnante. *Je ferai tout ce que je peux* pour qu'elle ou il se libère de la souffrance et de ses causes !

2. Élargissez la réflexion méditative à plus d'amis, un par un.

3. Imaginez une personne neutre devant vous et médi-

tez à chacun des trois niveaux spirituels de la compassion jusqu'à ce que vous la ressentiez profondément.

4. Élargissez la réflexion méditative à d'autres personnes neutres, une par une.

5. Imaginez l'ennemi le plus inoffensif devant vous et méditez à chacun des trois niveaux spirituels de la compassion jusqu'à ce que vous la ressentiez profondément.

6. Élargissez la réflexion méditative à d'autres ennemis, un par un.

Sixième précepte : l'attitude de grande bienveillance

Pour développer ce vœu ultime altruiste :

1. Remémorez-vous, encore et sans cesse, la signification de cette stance tirée de *La Marche vers l'éveil* de Shantideva :

> Tant que l'univers existera et que les êtres transmigreront
> Puis-je demeurer afin de les libérer de leurs souffrances.

2. Rappelez-vous qu'il faut se consacrer aux actes vertueux et au karma bénéfique du continuum de votre conscience pour le profit de l'ensemble des êtres vivants.

3. Décidez :

Même si je dois le faire seul, je libérerai les êtres vivants des souffrances et de leurs causes, et je leur donnerai le bonheur et ses causes.

Progressivement, ces exercices de méditation contemplative sont assimilés, alors vous ressentez leur impact.

Septième précepte : l'esprit d'éveil

1. Analysez si vous avez la capacité dès maintenant d'aider les autres à obtenir le bonheur et à se libérer de la souffrance.
2. Pensez qu'en dehors de l'aide offerte aux êtres vivants, il faut les éduquer pour qu'ils puissent atteindre l'éveil.
3. Concluez que vous devez réaliser l'éveil dans le but d'éliminer les obstructions à la reconnaissance des intérêts des autres et de leurs dispositions mentales, et de savoir choisir les différentes techniques d'enseignement indispensables pour les aider.
4. Décidez d'atteindre l'éveil afin d'aider les autres à réaliser aussi l'éveil.

L'échange de soi contre autrui

1. Prendre à cœur cette pensée :

Les êtres vivants, de toutes parts, sont semblables à moi dans leur souhait de bonheur et du refus de la douleur. Nous voulons la joie et nous débarrasser de la souffrance. Par conséquent, de quel droit a-t-on du désir pour certains et de la haine pour d'autres ! Je dois réaliser le bonheur de tous !

Puis tenez compte de ceci :

Les êtres vivants veulent uniquement le vrai bonheur, mais ne le possèdent pas. Peu importe à qui je dois penser dans les mondes du cycle de l'existence, ils agissent pour éliminer la souffrance omniprésente conditionnante. En fonction de cela, puis-je considérer Untel comme intime ? Puis-je considérer tel autre comme étranger?

2. Imaginez dix mendiants, tous aussi indigents, et réalisez qu'il est sans fondement de préférer certains plutôt que d'autres.

3. Imaginez dix malades, aux maladies comparables, comment pourriez-vous être plus amical avec certains et plus distants avec d'autres?

La manière dont chacun vous a aidé

4. Pensez à l'aide que chacun vous a offerte. Les êtres vivants vous ont directement ou indirectement proposé de l'assistance qui a été profitable; sans s'arrêter à leur motivation, ils ont été généreux envers vous.

5. Le bien-être dont vous disposez dépend des autres êtres vivants. Réfléchissez avec précision comment ils prennent part à vous fournir de la nourriture, des vêtements, une demeure, vos biens, ou encore comment ils interviennent dans vos relations amicales et participent à votre réputation.

6. Cette vie présente résulte d'actes moraux des existences ultérieures faits en lien avec d'autres êtres vivants.

7. La longévité, la bonne santé, les biens en quantité suffisante, la crédibilité et la force proviennent d'actes vertueux dans les vies antérieures.

8. Obtenir une future vie favorable repose sur les actes moraux réalisés à l'intention des êtres vivants.

9. La moralité se fonde sur l'idée de ne pas nuire aux autres. Ainsi, les autres sont indispensables. Sans eux, le moindre acte vertueux qui les protège de la nuisance est improbable. Le renoncement vertueux à ne pas tuer ne peut pas exister si l'on est seul, ni renoncer à voler, à avoir des comportements sexuels déréglés, comme s'engager dans d'autres attitudes vertueuses. Sans êtres vivants, pratiquer une vertu est impossible.

10. Puisque la moralité est la base ultime de l'absorption méditative et de la sagesse, la libération du cycle de l'existence repose sur les êtres vivants.

11. La réalisation de la bouddhéité est en lien avec les autres, les différentes pratiques de l'amour chaleureux, de la compassion et de la motivation altruiste d'atteindre l'éveil vous aident à y parvenir. Mais elles exigent une prise de conscience de la souffrance des êtres vivants afin que le sentiment généreux de leur offrir de l'aide et du bonheur surgisse du plus profond de votre cœur. Par conséquent, il faut avoir autant de respect pour les êtres vivants que pour le Bouddha.

12. Les ennemis, en particulier, sont précieux pour cultiver l'amour chaleureux et la compassion car la colère les anéantit. L'antidote de la colère est la patience, mais elle n'est envisageable que face à l'action nuisible d'une personne. Les ennemis, parce qu'ils offrent une bonne opportunité pour pouvoir pratiquer la patience et la tolérance, sont inestimables, et même généreux.

13. À la différence d'un médecin qui fait souffrir son malade mais dont le but est de le guérir, un ennemi vous nuit à dessein. C'est ainsi que l'ennemi fournit une chance de cultiver notre patience.

Rien ne justifie l'égocentrisme

14. Il n'y a aucune raison pertinente pour vous considérer comme la seule personne digne d'intérêt et de négliger les autres. Vous, comme les autres, êtes enfermé dans le cycle de l'existence, pris sous le fardeau de l'entité corps-esprit sous l'emprise des émotions aliénantes et du karma.

15. Vous, comme les autres, êtes confronté au changement imminent et à la mort.

16. Prenons dix prisonniers qui vont être exécutés pour le même crime. Être plus proche de certains ou plus furieux contre d'autres n'a pas de sens. Ils vont tous mourir. Le seul comportement convenable est la gentillesse et la patience vis-à-vis de chacun d'eux. Il serait stupide d'argumenter en faisant une distinction entre « vous » et « moi ».

17. Ainsi, tous, nous sommes sous l'influence de la souffrance, de l'impermanence et des émotions aliénantes. En fonction de notre situation, pourquoi avoir autant de considération pour soi, et de considérer les autres comme indignes de vous !

Les désavantages de l'intérêt égotique et les avantages de chérir les autres

18. Jusqu'à maintenant, l'intérêt égotique, et son associée l'ignorance, sont tapis au fond de notre cœur. Les tentatives pour trouver le bonheur n'ont abouti qu'à créer de la confusion. Il est temps de percevoir, au plus profond de vous-même, l'intérêt égotique comme erroné.

19. Il est temps d'abandonner l'égoïsme et de chérir les autres, de laisser l'ignorance pour la sagesse qui réalise l'inexistence du soi.
20. Plein de sollicitude envers les autres, Bouddha a atteint la perfection du corps et de l'esprit par le partage de son bien-être avec eux, la réalisation d'une félicité éternelle et la plus grande aptitude possible à aider autrui. Nous devons suivre son exemple.
21. Quoique cela soit difficile à atteindre, avec du temps et des efforts, c'est à notre portée.

Voilà la méthode pour développer l'équanimité, le sens d'égalité avec les autres, qui motive à offrir de l'aide et à apporter du bonheur à chacun où qu'il soit.

Percevoir la réalité

1. Tous les phénomènes, externes ou internes, sont vides d'une véritable apparence, vides d'existence inhérente.
2. Peu importe ce que nous considérons – les formes visibles, les sons, les odeurs, les goûts et le toucher, ou encore votre propre esprit qui les observe – comprenez que ces formes sont vides d'existence intrinsèque et qu'elles n'existent pas selon la nature de leur apparence.
3. Pour éliminer l'ignorance, il faut générer la sagesse, qui est son opposé.
4. À l'origine, l'entité corps-esprit est mal appréhendée, elle est perçue comme ayant une existence inhérente, ce qui entraîne une conception erronée du « moi » comme possédant lui aussi une nature intrinsèque. Cela suscite ensuite

des actes incorrects qui vont provoquer d'autres renaissances et plus de souffrances.

5. Reposant sur le fait que nous sommes principalement intéressés par la personne, ou le « moi » qui agit, accumule le karma, et qui, en définitive, fait l'expérience du plaisir et de la douleur ; et par les phénomènes que nous subissons. Nous pouvons distinguer deux formes d'ignorance : une qui correspond à une perception erronée de la personne et de son existence inhérente ; et l'autre qui est une conception fallacieuse des autres phénomènes comme existant intrinsèquement.

6. En vérité, les personnes existent, mais sans existence inhérente, cela est appelé la vacuité des personnes ; quand cela touche les autres phénomènes comme les yeux, les oreilles, le corps, le mental, les montagnes et ainsi de suite, cela est appelé la vacuité des phénomènes. Ces deux vacuités sont tout aussi subtiles.

7. Il est nécessaire de distinguer le phénomène, tel qu'il nous apparaît, de son existence réelle.

8. Les personnes et les phénomènes dépendent de la pensée. Mais, dès que nous sommes en interaction avec eux, nous ressentons quelque chose de plus, d'autonome, d'indépendant de la pensée, comme possédant leurs propres qualités.

9. Avec l'analyse, ce qui apparaît comme concret et autonome devrait l'être de plus en plus, mais il n'en est rien. Vous ne trouvez rien de substantiel. Et si vous approfondissez encore l'analyse, il ne reste finalement rien de ce qui devrait être l'objet.

10. Sur le plan sensoriel, les phénomènes apparaissent comme concrets en raison d'anomalies mentales. Et à cause

de cette apparence, systématiquement, nous concevons que les phénomènes existent et sont autonomes, comme si nous prenions les images de nos rêves pour la réalité. Une apparence non fondée est considérée comme véritable. Puis, notre pensée négative et excessive lui attribue beaucoup d'autres qualités, qui vont susciter un grand nombre d'émotions aliénantes.

11. Face au conflit entre réalité et apparence, l'école de la Voie médiane parle d'entités qui créent aide, nuisance, douleur, etc. Elles sont appelées « vérités relatives ». Puis, elle parle de la réalité au-delà des apparences, qu'elle désigne comme la « vérité absolue ». Dans un objet, votre corps par exemple, l'apparence est perçue par la connaissance conventionnelle juste, et son mode d'existence est déterminé par l'analyse ultime.

12. L'ignorance innée est une compréhension de chaque objet, personne ou autre phénomène qui entérine leur apparence comme s'ils existaient de manière inhérente, selon leur propre nature, leur propre réalité, leur propre mode d'existence, véritablement, absolument, sans conflit entre leur aspect externe et leur réalité.

13. Au moment où, avec l'analyse méditative, vous parvenez à réaliser la vacuité de l'existence inhérente, vous comprenez que vous et les autres phénomènes existent apparemment d'une façon qui ne reflète pas la réalité. Vous percevez les phénomènes comme des illusions, avec une divergence entre leur apparence et la véritable réalité de leur existence.

14. Percevoir les personnes et les choses, prises dans une divergence entre leur apparence et leur réalité, comme

les illusions créées par un magicien vous met à l'abri de l'emprise des émotions négatives.

15. Pour voir les phénomènes comme des illusions, il faut d'abord les analyser pour savoir s'ils existent réellement selon leur apparence.

La voie de l'analyse

Considérez que :

1. Vous êtes responsable de tous vos ennuis.
2. Par conséquent, il est préférable de travailler d'abord à rechercher votre véritable nature.
3. Quand cela sera réalisé, vous pouvez l'appliquer au mental, au corps, à la maison, à la voiture, à l'argent et à l'ensemble des phénomènes.

PREMIER POINT : MAÎTRISER LE SOI POUR Y CROIRE FERMEMENT

1. Imaginez qu'une personne vous reproche une chose que vous n'avez pas faite et dise l'index pointé vers vous : « Tu m'as détruit ! »
2. Observez votre réaction. Quelle impression avez-vous du « moi » dans le mental ?
3. De quelle façon l'appréhender ?
4. Constatez que le « moi » apparaît comme indépendant, instauré de lui-même, fondé sur sa propre nature.

Deuxième point : faire des choix

1. Analysez si le « moi », qui est instauré intrinsèquement dans l'entité corps-esprit, peut avoir une nature différente de l'entité corps-esprit ou en être séparé.
2. Décidez que, selon son apparence, si le « moi » a une nature inhérente, alors il doit ne faire qu'un avec l'entité corps-esprit ou en être distinct.

Troisième point : analyser l'unicité

Pensez aux conséquences si le « moi » est indépendant comme il s'inscrit dans le mental, dans le cas où il *se confondrait* avec l'entité corps-esprit :

1. Le « moi » et l'entité corps-esprit pourraient avoir complètement une nature commune.
2. Dans ce cas, affirmer que le « moi » a une existence propre ne rime à rien.
3. Il serait impossible de penser à « mon corps », « ma tête » ou « mon esprit ».
4. Dès la disparition du corps et de l'esprit, le soi n'existerait plus.
5. Puisque le mental et l'esprit sont pluriels, alors les « soi » de la personne sont multiples.
6. Puisque le « moi » est unique, le mental et le corps ne devraient faire qu'un.
7. Puisque le mental et le corps sont engendrés et se désintègrent, cela devrait signifier que le « moi » se forme et se désintègre intrinsèquement. Dans ce cas, jamais les

effets favorables des actes vertueux et les conséquences douloureuses des actes nuisibles n'arriveront à maturation. Et nous aurions ainsi à supporter les effets d'actes dont nous ne sommes pas les auteurs.

QUATRIÈME POINT : ANALYSER LA DIFFÉRENCE

Pensez aux conséquences, si le «moi» instauré indépendamment comme il s'inscrit dans le mental, au cas où il serait *différent* de l'entité corps-esprit :

1. Le «moi» et l'entité corps-esprit devraient être complètement séparés.
2. Dans ce cas, le «moi» devrait pouvoir être décelé dès que le mental et le corps sont écartés.
3. Le «moi» ne saurait être instauré, demeurer ou se désintégrer. Ce serait absurde !
4. Absurde l'idée que le «moi» pourrait être juste une invention de l'intellect ou être permanent.
5. Absurde l'idée que le «moi» pourrait n'avoir aucune caractéristique corporelle ou mentale.

ALLER VERS UNE CONCLUSION

1. Lors de l'exercice du premier point, si vous avez ressenti plutôt intensément que le «moi» est indépendant et qu'à l'ordinaire vous acceptez cette apparence en agissant en fonction de cela, alors avec l'analyse, vous comprendrez que ce «moi» est infondé.
2. Quand cela se produira, maintenez fermement la conscience de l'absence, de la vacuité de l'existence inhé-

rente d'un tel «moi», afin d'assimiler le sens de la vacuité, centrée sur l'absence de nature inhérente.

Se voir comme une illusion

1. Puis, laissez votre apparence et celle des autres envahir de nouveau le mental.
2. Rappelez-vous quand vous confondiez une personne avec son image réfléchie dans un miroir. L'image n'avait que l'apparence de la personne.
3. Ainsi, les gens et les choses semblent exister indépendamment des causes et conditions, corporellement et par la pensée, mais il n'en est rien. Les gens et les choses sont aussi des illusions.
4. Réfléchissez sur l'observation suivante : dès que vous agissez, dans le champ de la production conditionnée, le karma s'accumule, et ainsi vous êtes confronté aux effets de vos actes.
5. Considérez l'observation suivante : l'apparence des gens est concevable en l'absence d'existence inhérente.
6. Lorsque le fait d'exister et la vacuité apparaissent comme contradictoires, reprenez l'exemple de l'image dans un miroir :

> L'image dans un miroir est produite sans conteste en rapport avec un visage et un miroir. Même si l'image est vide d'yeux, d'oreilles, etc., elle semble en posséder. Et l'image disparaît indéniablement si le visage ou le miroir est absent.

Ainsi, si une personne n'a même pas une particule d'existence inhérente, rien ne lui interdit d'accomplir des actes, d'accumuler du karma, d'en vivre les effets, et de naître en relation avec le karma et les émotions destructives.

7. Essayez de trouver une absence de contradiction entre le fait d'exister et la vacuité en ce qui concerne les gens et les choses.

La bouddhéité

Considérez que :

1. Il est impossible que le continuum de la conscience, qui a une nature de lumière et de cognition, soit à jamais rompu. Si la sagesse sape l'ignorance, rien ne peut empêcher la continuité permanente de la conscience de base.

2. L'éveil est un état de libération non seulement des émotions négatives induisant le cycle de l'existence, mais aussi des tendances conditionnantes élaborées dans le mental par ces émotions aliénantes.

3. Veillez aux tendances subtiles qui sont des forces latentes présentes dans le mental. Avant d'atteindre la bouddhéité, chaque fois que les phénomènes conventionnels apparaissent dans le mental, la vérité absolue n'est pas manifeste, dès qu'elle l'est, ces phénomènes illusoires ne se forment plus.

4. Le besoin d'alternance est appelé la « souillure de la perception des deux vérités comme si elles étaient deux entités séparées ». Cet obstacle vous force à alterner la réalisation directe de la réalité ultime de la vacuité avec l'attention portée aux phénomènes du quotidien. Quand la souillure mentale est purifiée, une seule conscience appré-

hende les phénomènes illusoires, tout en réalisant la vérité absolue.

5. Il est alors possible de connaître en un instant toutes choses simultanément, la variété des phénomènes et leur mode absolu d'existence, la vacuité. C'est l'omniscience, le « grand éveil » d'un bouddha qui est purifié des origines mentales de l'ensemble des problèmes, la pleine connaissance de l'omniscience.

6. Cet état de pleine capacité est utile pour votre développement personnel mais aussi pour celui des autres. Vous avez éliminé tous les problèmes et atteignez l'omniscience. Cela signifie que vous pouvez apporter spontanément le bien-être aux autres.

7. Au stade de la bouddhéité, vous réalisez les quatre corps de Bouddha :

- Depuis les origines, le mental est vide d'existence inhérente et, dorénavant, purifiée des souillures, cette vacuité de l'esprit est appelée le *corps de l'essence même* d'un bouddha.
- Le mental qui, autrefois, contenait simplement les semences des qualités de la bouddhéité est désigné maintenant sous le terme *corps de sagesse* d'un bouddha.
- Dans la vie ordinaire, le mental le plus subtil, et l'énergie qui le porte, forment une seule entité, et maintenant, dans l'état pur d'accomplissement de la voie, ce fait fondamental vous autorise à vous manifester de façons diverses, de la manière la plus adéquate pour aider les autres. Parmi ces formes, le *corps de pleine jouissance* en accord avec la prière votive émise de demeurer aussi longtemps que l'espace existe, pour soulager les souffrances des êtres à l'aide des entraîne-

ments altruistes réservés aux pratiquants de capacité supérieure.

• Le corps de pleine jouissance, à son tour, est apparu le moment venu dans une myriade de mondes sous différents *corps d'émanation* en rapport avec les inclinations et les intérêts des êtres vivants; il s'est aussi manifesté à des moments opportuns dans l'histoire du monde comme «corps de suprême émanation» pour enseigner la voie de l'éveil (le Bouddha Shakyamuni fut un tel être).

Table

NIVEAU SUPÉRIEUR DE LA PRATIQUE

La photocomposition de cet ouvrage
a été réalisée par
GRAPHIC HAINAUT
59163 Condé-sur-l'Escaut

Cet ouvrage a été imprimé en France par

CPI
Bussière

à Saint-Amand-Montrond (Cher)
en septembre 2009

N° d'édition : 14470. — N° d'impression : 092275/1.
Dépôt légal : octobre 2009.